2014 职（执）业资格考试辅导丛书

公路工程监理工程师考试辅导用书

Zonghe Kaoshi Moni Lianxi yu Tijie

《综合考试》模拟练习与题解

李治平 主编

人民交通出版社股份有限公司

内 容 提 要

本书为公路工程监理工程师考试辅导用书之一，分为专项训练和模拟试卷两部分，试题严格按照考试大纲要求的各知识点，结合历年考试真题编写，每道题均配有参考答案和详细的解析。

本书可供参加公路工程监理工程师过渡考试的人员复习参考。

图书在版编目（CIP）数据

《综合考试》模拟练习与题解 / 李治平主编．— 北京：人民交通出版社股份有限公司，2014.8

公路工程监理工程师考试辅导用书

ISBN 978-7-114-11618-6

Ⅰ．①综…　Ⅱ．①李…　Ⅲ．①道路施工—施工监理—资格考试—自学参考资料 Ⅳ．①U415.1

中国版本图书馆 CIP 数据核字（2014）第 182292 号

公路工程监理工程师考试辅导用书

书　　名：《综合考试》模拟练习与题解
著 作 者：李治平
责任编辑：刘永超　卢俊丽
出版发行：人民交通出版社股份有限公司
地　　址：（100011）北京市朝阳区安定门外外馆斜街 3 号
网　　址：http：//www. ccpress. com. cn
销售电话：（010）59757973
总 经 销：人民交通出版社股份有限公司发行部
经　　销：各地新华书店
印　　刷：北京盈盛恒通印刷有限公司
开　　本：787 × 1092　1/16
印　　张：8
字　　数：179 千
版　　次：2014 年 8 月　第 1 版
印　　次：2014 年 8 月　第 1 次印刷
书　　号：ISBN 978-7-114-11618-6
定　　价：24.00 元

前　言

为了规范公路工程监理工程师管理，提高公路工程监理队伍的整体素质，交通运输部（原交通部）自2004年开始组织实施公路工程监理工程师考试。

为满足广大考生复习备考的需要，我们依据交通运输部最新颁布的《交通运输部公路水运工程监理工程师过渡考试大纲》（以下简称考试大纲）和《公路工程监理培训用书》（以下简称培训用书），参考近几年的考试真题中各知识点的分值分布情况，结合主编的教学及培训工作经验，编写了《<综合考试>模拟练习与题解》这本考试辅导用书。本书紧扣考试大纲各考点，编制了有针对性的模拟练习题，通过各考点的专项习题训练，使考生能够对各考点相关内容加深记忆和理解，达到“以练促学”的目的。同时，本书针对每道题都编制了较为详细的试题解析，内容依据培训用书和公路工程监理相关标准规范及法规文件，力求涵盖全部考试内容，考生可结合试题解析对易错点和重点、难点内容进行更加有针对性的复习。

本书由长安大学李治平主编。由于编者水平有限，加之时间较为仓促，本书在编写过程中虽经数次推敲核证，但难免有疏漏或不妥之处，恳请广大读者批评指正，以便我们修订再版时完善，如有问题或有建议，请与主编联系（手机18191329366或18591880967；Email：lizp1962@126.com）。

最后真诚祝愿使用本书的各位考生能顺利通过考试！

编　者

2014年8月

目 录

第一部分 专项练习题

第二部分 专项练习题参考答案

第三部分 模拟试卷

第四部分 模拟试卷参考答案

第一部分　专项练习题

考点1　法 律 知 识

一、某高速公路施工项目，招标人根据《公路工程标准施工招标文件》（2009 年版）编制招标文件。该项目施工承包合同中约定解释合同文件的优先顺序如下：

（1）合同协议书；（2）中标通知书；（3）投标函及投标函附录；（4）项目专用合同条款；（5）公路工程专用合同条款；（6）通用合同条款；（7）技术规范；（8）图纸；（9）已标价工程量清单；（10）承包人有关人员、设备投入的承诺函及投标文件中的施工组织设计。

承包人在进行通道涵施工时，发现合同文件中技术规范与图纸对涵台背回填的规定不一致。技术规范中规定涵台背回填宽度为 100㎝，回填料为塑性指数不大于 12 的黏性土。而图纸中规定涵台背回填宽度为 200cm，回填料为天然砂砾。承包人认为投标报价是按技术规范进行的，根据技术规范施工符合合同要求；而业主认为按图纸施工有利于保证工程质量，且技术规范和图纸是由业主编制的，在出现不一致的情况下应由业主解释。因此，业主要求承包人按图纸施工。

问题：

1. 对承包人和业主的争议，哪一方的观点符合合同规定？为什么？

2. 如果该项目施工合同中未规定解释合同文件的优先顺序，则根据《合同法》，应按哪一方的观点执行？为什么？

3. 如果业主坚持按图纸施工，而监理工程师也觉得按图纸施工更有利于提高工程质量，则监理工程师应按合同什么规定处理？

二、建设单位通过招标投标的方式将某公路工程施工任务发包给顺通路桥公司，并与该施工单位签订了施工合同。施工之前，施工单位与某水泥厂签订了水泥材料的供应合同。合同中约定由水泥厂负责将施工所需的水泥材料运抵施工现场，但未明确水泥材料的供应时间。施工开始后，工程施工急需水泥材料，施工单位要求水泥厂立即将施工所需的水泥材料运抵施工现场，但遭到该水泥厂的拒绝。两天后水泥厂才将施工所需的水泥材料运到施工现场。

根据上述背景材料，解答下列问题：

1. 上述背景材料中，水泥厂的做法是否正确？说明理由。

2. 根据该事件，你认为合同当事人在约定合同内容时应包括哪些方面的条款？

三、建设单位与施工单位就完成某建设工程项目的施工签订了施工合同。在合同履行过程中，由于该施工合同对工程质量约定不明确，致使双方当事人产生争议。试根据合同法的有关规定解答以下问题：

1. 建设工程施工合同的内容包括哪些？

2. 当事人对工程质量约定不明确的这个问题如何补救？

3. 合同履行过程中双方当事人产生的合同争议应如何处理？

四、某市投资修建一公路建设项目，建设单位采用公开招标方式选择承包单位。在招标文件中对省内与省外投标人提出了不同的资格要求，并规定2006年10月30日为投标截止时间。甲、乙等多家承包单位参加投标，乙单位2006年11月5日才提交了投标保证金。2006年11月3日由该市招标管理办公室主持，举行了公开开标。但本次招标由于招标人原因导致招标失败。

建设单位重新招标后确定甲承包单位中标，并签订了施工合同。施工开始后，建设单位要求提前交工，并与甲承包单位协商签订了书面协议，该协议规定了甲承包单位为保证施工质量采取的措施和建设单位应支付的赶工费用。

施工过程中发生了混凝土工程质量事故，经调查组技术鉴定，认为是甲承包单位为赶工拆模过早，混凝土强度不足造成。该事故未造成人员伤亡，但导致直接经济损失35万元。

质量事故发生后，建设单位以甲承包单位的行为与投标文件中的承诺不符，不具备履约能力，又不可能保证提前交工为由，提出解除合同。甲承包单位认为事故是因建设单位要求赶工引起的，不同意解除合同。建设单位按合同约定提请仲裁，仲裁机构裁定解除合同，甲承包单位决定向具有管辖权的法院提起诉讼。

问题：

1. 指出该工程招投标过程中的不妥之处，并说明理由。因招标人原因导致招标失败造成投标单位损失是否应给予补偿？说明理由。

2. 上述质量事故发生后，在事故调查前，总监理工程师应做哪些工作？

3. 上述质量事故的调查组应由谁组织？监理单位是否应参加调查组？说明理由。

4. 上述质量事故的技术处理方案应由谁提出？技术处理方案核签后，总监理工程师应完成哪些工作？该质量事故处理报告应由谁提出？

5. 建设单位与甲承包单位所签协议是否具有与施工合同相同的法律效力？说明理由。具有管辖权的法院是否可依法受理甲承包单位的诉讼请求？为什么？

五、某实行监理的工程，建设单位与总承包单位按有关规定签订了施工合同。总承包单位按施工合同约定将某分项工程分包给某分包单位。

施工过程中发生下列事件：

事件1：工程开工前，总监理工程师在熟悉设计文件时发现部分设计图纸有误，即向建设单位进行了口头汇报。建设单位要求总监理工程师组织召开设计交底会，并向设计单位指出设计图纸中的错误，在会后整理会议纪要。

在工程定位放线期间，总监理工程师指派专业监理工程师审查分包单位资格报审表及相关资料，安排监理员到现场复验总承包单位报送的原始基准点、基准线和测量控制点。

事件2：由建设单位负责采购的一批材料，因规格、型号与合同约定不符，施工单位不予接收保管，建设单位要求项目监理机构协调处理。

事件3：专业监理工程师现场巡视时发现，总承包单位在某隐蔽工程施工时，未通知项目监理机构验收即进行覆盖隐蔽。

事件4：工程完工后，总承包单位在自查自评的基础上填写了工程竣工报验单，连同全部竣工资料报送项目监理机构，申请竣工验收。总监理工程师认为施工过程均按要求进行了验收，便签署了竣工报验单，并向建设单位提交了竣工验收报告和质量评估报告，建设单位收到该报告后，即将工程投入使用。

问题：

1. 分别指出事件1中建设单位、总监理工程师的不妥之处，写出正确做法。
2. 事件1中，专业监理工程师在审查分包单位的资格时，应审查哪些内容？
3. 针对事件2，项目监理机构应如何协调处理？
4. 针对事件3，写出总承包单位的正确做法。
5. 分别指出事件4中总监理工程师、建设单位的不妥之处，写出正确做法。

六、高速公路项目为某市政府重点投资建设的项目，建设单位根据有关规定采用公开招标的形式选择施工单位，现有A、B、C、D、E、F六家施工单位领取了招标文件。本工程招标文件规定：2012年10月20日下午17：30为提交投标文件截止时间。在提交投标文件的同时，投标单位需提供投标保证金20万元。

在2012年10月20日，A、B、C、D、F五家投标单位在下午17：30前将投标文件送达，E单位在次日上午8：00送达。各单位均按招标文件的规定提供了投标保证金，在10月20日上午10：25时，B单位向招标人递交了一份投标价格下降5%的书面说明。

开标时，由招标人检查投标文件的密封情况，确认无误后，由工作人员当众拆封，并宣读了A、B、C、D、F承包人的名称、投标价格、工期和其他主要内容。

在开标过程中，招标人发现C单位的标袋密封处仅有投标单位公章，没有法定代表人印章或签字。

评标委员会委员由招标人直接确定，共有4人组成，其中招标人代表2人，经济专家1人，技术专家1人。

招标人授权评标委员会直接确定中标人，经过综合评定，评标委员会确定A单位为中标单位。

问题：

1. 在招标投标过程中有何不妥之处？说明理由。
2. B单位向招标人递交的书面说明是否有效？
3. 在开标后，招标人应对C单位的投标书做何处理？为什么？
4. 投标文件在哪些情况下可作为废标处理？
5. 招标人对E单位的投标文件作废标处理是否正确？理由是什么？

七、某大型工程项目由政府投资建设，业主委托某招标代理公司代理施工招标。招标代理公司确定该项目采用公开招标方式招标，招标公告在当地政府规定的招标信息网上发布。招标文件中规定：投标担保可采用投标保证金或投标保函方式担保。评标方法采用经评审的最低投标价法。投标有效期为60天。

业主对招标代理公司提出以下要求：为了避免潜在的投标人过多，项目招标公告只在本市日报上发布，且采用邀请招标方式招标。

项目施工招标信息发布以后，共有12家潜在的投标人报名参加投标。业主认为报名参加投标的人数太多，为减少评标工作量，要求招标代理公司仅对报名的潜在投标人的资质条件、业绩进行资格审查。

开标后发现：

（1）A投标人的投标报价为8 000万元，为最低投标价，经评审后推荐其为中标候选人；

（2）B投标人在开标后又提交了一份补充说明，提出可以降价5%；

（3）C投标人提交的银行投标保函有效期为70天；

（4）D投标人投标文件的投标函盖有企业及企业法定代表人的印章，但没有加盖项目负责人的印章；

（5）E投标人与其他投标人组成了联合体投标，附有各方资质证书，但没有联合体共同投标协议书；

（6）F投标人的投标报价最高，故F投标人在开标后第二天撤回了其投标文件。

经过标书评审，A投标人被确定为中标候选人。发出中标通知书后，招标人和A投标人进行合同谈判，希望A投标人能再压缩工期、降低费用。经谈判后双方达成一致：不压缩工期，降价3%。

问题：

1. 业主对招标代理公司提出的要求是否正确？说明理由。
2. 分析A、B、C、D、E投标人的投标文件是否有效？说明理由。
3. F投标人的投标文件是否有效？对其撤回投标文件的行为应如何处理？
4. 该项目施工合同应该如何签订？合同价格应是多少？

八、某施工单位通过投标竞争承包了西山高速公路施工项目，并与建设单位签订了施工承包合同。在施工过程中发生了如下事件：

事件1：施工单位与某材料供应商所签订的材料供应合同中未明确材料的供应时间。在某分项工程施工时急需使用该材料，施工单位要求材料供应商马上将施工所需材料运抵施工现场，遭到材料供应商的拒绝，两天后才将材料运到施工现场。

事件2：某设备供应商由于进行设备调试，在合同约定的交货期限后才将施工单位所订购的设备交付给施工单位，恰好此时该设备的价格下降，施工单位要求按下降后的价格支付该设备货款，设备供应商则要求按原价执行，双方为此产生了争议。

事件3：施工单位与某施工机械租赁公司签订的租赁合同约定的期限已到，施工单位将租赁的机械交还给租赁公司并交付租赁费，此时，双方签订的合同终止。

事件4：施工单位与某分包单位所签订的分包合同中明确规定要降低分包工程的质量，从而减少分包单位的合同价格，为施工单位创造更高的利润。

根据上述背景材料解答以下问题：

1. 请分析事件1中材料供应商的做法是否正确？为什么？

2. 根据事件 1，简要说明合同当事人在约定合同内容时，一般应包含哪些条款？

3. 请分析事件 2 中施工单位的做法是否正确？为什么？

4. 事件 2 中施工单位和设备供应商之间产生的争议是否属于合同争议？请说明合同争议处理的方式有哪几种？

5. 事件 3 中合同终止的原因是什么？除此之外还有什么情况可以使合同的权利义务终止？

6. 事件 4 中的合同当事人签订的合同是否有效？请说明在什么情况下可导致合同无效？

考点 2　法规及规章政策

一、某高速公路建设工程项目需要进行某号隧洞围岩的开挖。根据施工承包合同的规定，该项施工应执行《工程建设标准强制性条文》（建标〔2000〕234 号文）、《公路工程施工安全技术规范》（JTJ 076—1995）、《公路隧道施工技术规范》（JTG F60—2009）等的规定进行爆破作业施工。在施工中由于承包人所使用炸药、雷管等存在质量问题，出现瞎炮事故并造成了人员伤亡。此外，该隧洞处于高地应力区的脆硬完整岩体中，岩体形成很高的初始应力，承包人在开挖前的实测和试验工作深度不够，岩体开挖后能量高度集中，岩块产生突发性脆性破裂、飞散，发生了施工安全事故。

问题：

1. 根据《建设工程安全生产管理条例》（国务院令 2003 年第 393 号）、《公路水运工程安全生产监督管理办法》（交通部令 2007 年第 1 号令）等的规定，施工单位应当设立安全生产管理机构，配备专职安全生产管理人员。试问，按上述管理条例、管理办法的规定，专职安全生产管理人员的职责是什么？按照上述管理办法的规定，专职安全生产管理人员应如何配备？

2. 根据《建设工程安全生产管理条例》（国务院令 2003 年第 393 号）、《公路水运工程安全生产监督管理办法》（交通部令 2007 年第 1 号令），试说明施工单位及其主要负责人、项目负责人应对本单位的安全生产工作负有什么责任？

3. 如果施工单位的主要负责人和项目负责人违反《建设工程安全生产管理条例》（国务院令 2003 年第 393 号）、《公路水运工程安全生产监督管理办法》（交通部令 2007 年第 1 号令）等的规定，未履行安全生产管理职责，应负什么法律责任？

二、某公路工程项目通过公开招标的方式，确定了三个不同性质的施工单位承担该项工程的全部施工任务，建设单位分别与 A 公司签订了桥梁施工合同；与 B 公司签订了道路施工合同；与 C 公司签订了设备安装合同。三个合同协议中都对甲方提出了一个相同的条款，即“建设单位应协调现场其他施工单位，为三公司创造可利用条件”。合同执行过程中，发生如下事件：

事件 1：A 公司在签订合同后因自身资金周转困难，随后和分包人 D 公司签订了分包合同，在分包合同中约定分包人 D 按照建设单位与承包人 A 约定的合同金额的 10% 向承包人 A 支付管理费，分包合同履行中的一切责任均由分包人 D 承担。

事件 2：由于 A 公司在现场施工时间拖延 5 天，造成 B 公司的开工时间相应推迟了 5 天，B 公司向 A 公司提出了索赔。

事件 3：桥梁构件吊装安装后，A 公司立刻拆除塔式起重机，改用卷扬机运送工程材料，C 公司原计划由建设单位协调使用塔式起重机吊装某设备的设想落空后，提出用 A 公司的卷扬机运送，A 公司提出卷扬机吨位不足，不能运送。最后，C 公司只好为机房设备的吊装重新设计方案；C 公司就新方案的实施引起的费用增加和工期延误向建设单位提出索赔。

问题：

1. 事件 1 中 A 公司的做法是否符合国家有关法律规定？其行为属于什么行为？

2. 事件 2 中 B 公司向 A 公司提出索赔是否正确？如不正确，说明正确的做法。

3. 事件 3 中 C 公司向建设单位提出的索赔是否合理？理由是什么？

4. 根据《建设工程质量管理条例》的规定，工程承发包过程中的违法分包行为有哪些？

三、某高速公路施工合同，主要工程内容为：路基工程、桥梁工程和隧道工程。其中，路基工程中的土石方开挖，地质条件良好，有高边坡处理，需要爆破施工；桥梁工程为钻孔灌注桩基础、柱式墩，上部为预应力混凝土简支 T 梁；隧道工程中局部地段有不良地质现象。该施工合同承包人的中标价为 2 亿元，其中安全生产费用为 180 万元，在其施工组织机构设置中，安排了 3 名专职安全生产管理人员。

问题：

1. 该承包人中标价中计列的安全生产费用是否满足规定要求？为什么？

2. 该承包人安排的专职安全生产管理人员是否满足规定要求？为什么？

3. 该项目中，应当编制专项施工方案的工程有哪些？

四、某高速公路工程的建设单位通过公开招标方式与甲施工单位签订施工合同。经项目监理机构审查，并经建设单位同意，甲施工单位将基坑支护土方开挖工程分包给乙施工单位，并依法签订了分包合同。

施工过程中发生如下事件：

事件 1：乙施工单位开挖土方时，因雨季下雨导致现场停工 3 天，在后续施工中，乙施工单位挖断了一处在建设单位提供的地下管线图中未标明的煤气管道，因抢修导致现场停工 7 天。为此，甲施工单位通过项目监理机构向建设单位提出工程延期 10 天合费用补偿 2 万元（合同约定，窝工综合补偿 2 000 元/天）的要求。

事件 2：为赶工期，甲施工单位调整了土方开挖方案，并按约定程序进行了报批。监理工程师在现场发现乙施工单位未按调整后的土方开挖方案施工，并造成基坑围护结构变形超限，立即向甲施工单位签发“工程暂停令”，同时报告了建设单位。乙施工单位未执行监理指令仍继续施工，监理工程师及时报告有关主管部门。后因基坑围护结构变形过大引发了基坑局部坍塌事故。

事件 3：甲施工单位凭施工经验，未经安全验算就编制了高边坡处理工程专项施工方案，经项目经理签字后报监理工程师审批的同时，就开始组织施工。施工现场安全生产管理人员则由项目总工程师兼任。

事件 4：甲施工单位为便于管理，将施工人员的集体宿舍安排在本工程尚未交工验收的地下车库内。

问题：

1. 指出事件 1 中挖断煤气管道事故的责任方，说明理由。项目监理机构批准的工程延期和费用补偿各多少？说明理由。

2. 根据《建设工程安全生产管理条例》，分析事件2中甲、乙施工单位和监理单位对基坑局部坍塌事故应承担的责任，说明理由。

3. 指出事件3中甲施工单位的做法有哪些不妥，写出正确做法。

4. 指出事件4中甲施工单位的做法是否妥当，说明理由。

五、某公路工程的建设单位通过公开招标，分别与某监理单位和施工单位签订了施工监理合同和施工合同。施工合同采用了《公路工程标准施工招标文件》（2009年版）合同条款。

路基高边坡施工中，项目监理机构发现施工单位采用了一项新技术，未按已批准的施工技术方案施工。项目监理机构认为本工程使用该项新技术存在重大安全隐患，总监理工程师下达了工程暂停令，同时报告了建设单位。施工单位认为该项新技术通过了有关部门的鉴定，不会发生安全问题，仍继续施工。于是项目监理机构报告了交通运输主管部门。施工单位在交通运输主管部门干预下才暂停了施工。

施工单位复工后，就此事引起的损失向项目监理机构提出索赔。建设单位也认为项目监理机构“小题大做”，致使工程延期，要求监理单位对此事承担相应责任。

该公路工程施工完成后，施工单位按合同规定向监理机构提交了交工验收申请报告。监理机构经审查后认为已具备交工验收条件，于是在收到交工验收申请报告后的第16天，报请建设单位进行交工验收，并将交工验收申请报告及监理机构的审核意见等提交给建设单位。但由于各种原因，建设单位未及时组织交工验收。施工单位提交交工验收申请报告后的第60天工程所在地发生了洪水灾害，致使部分路段遭受损毁。洪水灾害过后，建设单位要求施工单位对损毁的路段自费进行修复，施工单位不同意自费修复。

试根据上述背景材料，回答下列问题：

1. 在路基高边坡施工中，施工单位的哪些做法不妥？说明理由。

2. 上述背景材料中建设单位的哪些做法不妥？

3. 对施工单位采用新的施工技术，项目监理机构还应做哪些工作？

4. 施工单位不同意自费修复损害的工程是否正确？为什么？工程修复时监理工程师的主要工作内容有哪些？

六、某公路工程项目，估算总投资4 200万元，由地方政府投资建设。

（1）建设单位决定采用公开招标方式选择施工总承包单位，并经主管部门批准，自行组织招标工作。为加快工程建设进展和保证工程质量，建设单位发布的招标公告及招标文件对招标投标工作作出如下安排和要求：

①2011年3月8日8时至2011年3月11日17时购买招标文件；

②2011年3月26日14时为投标截止时间；

③2011年4月1日10时组织开标；

④各投标单位在提交投标文件时，需按照估算总投资的5%提交投标保证金，计210万元；

⑤所有工程材料均由中标人采购，但钢材需按建设单位指定，采购某钢铁公司的产品。

（2）在项目施工接近尾声时，为尽快发挥建设项目效益，需要增加约200m的附属道路工程，投资估算为150万元，建设单位拟对该工程不再进行施工招标，直接委托原中标单位施工。

问题：

1. 说明该项目必须公开招标的理由。

2. 建设单位自行组织招标应具备哪些基本条件？

3. 本项目应采用何种计价方式？说明理由。

4. 建设单位对招标投标工作的安排和要求有无不妥？说明理由。

5. 分析该附属道路工程不进行施工招标的可行性。

七、采用公开招标的某高速公路工程项目，在施工招标投标过程中发现一些投标人以及投标文件中分别存在如下问题：

1. 有的投标人没有收到投标邀请书，但却提交了投标文件。

2. 有的投标人投标文件中缺少施工组织设计。

3. 有的投标人投标文件中的载明的招标项目完成期限超过招标文件规定的时限。

4. 有的投标人投标文件在公开开标结束前一个小时送达。

5. 有的投标人在工程量清单中没有填报清淤泥这一子目单价，只填报了合价；而有的投标人只填报该子目单价，却没有填报合价。

6. 有的投标人投标函中报价大写（文字表示）的金额比小写（数字表示）的金额要小；而有的大写金额比小写金额大。

7. 有的投标人没有派代表参加由招标人组织的现场考察也没有派代理人出席公开开标活动。

8. 有的投标人在投标截止时间之前书面通知撤回投标文件。也有的在开标之后随即要求撤回投标文件。

9. 有的投标人在投标文件中对其投标报价进行了修改，而且在修改处加盖了投标人单位章。

10. 有的投标人所提交的投标文件中有涂改、行间插字及删除，但改动之处没有加盖投标单位章或投标人的法定代表人或其授权的代理人签字确认。

问题：

试问：招标人或评标委员会对以上问题应如何处理。

八、某公路工程项目在具备施工招标条件的情况下，建设单位欲通过公开招标方式择优选择施工单位。建设单位于2011年3月15日在国家指定的媒体上发布施工招标公告。在招标公告中，要求参加投标的施工单位必须是本省二级及其以上施工资质的企业或外省一级以上施工资质的企业，近三年来有获得省、市级优质工程奖的项目，而且需要提供相应的资质证明文件。2011年4月1日向通过资格预审的施工单位发售招标文件，各投标单位购买领取招标文件时均要求在一张表格上登记确认。招标文件规定，工期不长于24个月，工程质量标准为优良。2011 年 4 月 18 日为投标截止时间。

在招标过程中招标人发现，甲投标人没有派代表参加由招标人组织的现场考察，也没有出席开标活动。乙投标人在 2011 年 4 月 17 日上午书面通知招标人要求撤回投标文件。丙投标人在 2011 年 4 月 19 日上午书面通知招标人要求撤回投标文件。

2011 年 4 月 19 日公开开标，开标由当地交通运输主管部门主持。开标时，由各投标人推举的代表检查投标文件的密封情况，确认无误后，由招标人当众拆封，宣读投标人名称、投标报价、工期等内容。同时，招标人还宣布了评标标准和评标委员会名单。评标委员会由 8 人组成，其中招标人代表 2 人，交通运输主管部门代表 1 人，评标专家 5 人。

评标委员会评标过程中发现一些投标人的投标文件中存在以下问题：

A. 投标人投标文件中缺少施工组织设计；

B. 投标人投标文件中的投标工期为 28 个月；

C. 投标人在工程量清单中没有填报某一子目单价；

D. 投标人没有提交投标保证书。

问题：

1. 指出该项目施工招标过程中的不妥之处，并说明理由。

2. 请说明能否以“甲投标人没有参加现场考察或没有参加开标活动”为由而认定其投标文件无效？

3. 试说明乙投标人和丙投标人能否撤回投标文件？

4. 试说明针对评标过程中出现的问题，评标人应做何处理？

九、某工程的建设单位 A 委托监理单位 B 承担施工阶段监理任务，总承包单位 C 按合同约定将设备安装及钢结构安装工作分包给设备安装单位 D。

在合同履行过程中，发生了如下事件：

事件 1：专业监理工程师检查主体结构施工时，发现总承包单位 C 在未向监理机构报审危险性较大的预制构件起重吊装专项施工方案的情况下已自行施工，且现场没有专职安全生产管理人员。于是总监理工程师下达了监理通知单。

事件 2：专业监理工程师在现场巡视时，发现设备安装分包单位 D 违章作业，有可能导致发生重大质量及安全事故。总监理工程师随即向总承包单位 C 发出工程暂停令，要求总承包单位 C 立即暂停分包单位 D 施工，但总承包单位 C 未予执行。总监理工程师随即向总承包单位 C 下达了工程暂停令，总承包单位 C 在向设备安装分包单位 D 转发工程暂停令前，发生了设备安装质量及安全事故，重伤 4 人。

事件 3：为满足钢结构吊装施工的需要，设备安装分包单位 D 向某设备租赁公司租用了一台大型塔式起重机，并进行塔式起重机安装，安装完成后，由总承包单位 C 和设备安装分包单位 D 对该塔式起重机共同进行验收，验收合格后投入使用，并到有关部门办理登记。

事件 4：钢结构工程施工中，专业监理工程师在现场发现设备安装分包单位 D 使用的高强度螺栓未经报验，存在严重的质量隐患，即向设备安装分包单位 D 签发了工程暂停令，并报告了总监理工程师。总承包单位 C 得知后也要求设备安装分包单位 D 立即停工整改。设备安装分包单位 D 为赶工期，边施工边报验，项目监理机构及时报告了有关主管部门。报告发出的当天，发生了因高强度螺栓不符合质量标准导致的钢梁高空坠落事故，造成两人重伤，直接经济损失 4.6 万元。

事件 5：总承包单位 C 项目经理安排技术员杨某兼施工现场安全员，并安排其负责编制深基坑支护与降水工程专项施工方案，项目经理对该施工方案进行安全验算后，即组织现场施工，并将施工方案及验算结果报送项目监理机构。

问题：

1. 根据《建设工程安全生产管理条例》规定，事件 1 中起重吊装专项方案需经哪些人签字后方可实施？

2. 指出事件 1 中总监理工程师的做法是否妥当？说明理由。

3. 事件 2 中总监理工程师是否可以口头要求暂停施工？为什么？

4. 就事件 2 中所发生的质量、安全事故，指出建设单位、监理单位、总承包单位和设备安装分包单位各自应承担的责任，说明理由。

5. 指出事件 3 中塔式起重机验收中的不妥之处。

6. 指出事件 4 中专业监理工程师做法的不妥之处，说明理由。

7. 指出事件 5 中总承包单位 C 项目经理做法的不妥之处，写出正确做法。

十、某工程项目业主通过公开招标的方式，委托了一家监理单位进行施工监理。在委托监理任务之前，业主与施工单位已经签订了施工合同。

监理单位在施工监理过程中陆续遇到了许多问题需要进行处理。若你作为该项目的监理工程师，对遇到的下列问题，请予以解答；

1. 在施工招标文件中，按工期定额计算，工期为 550 天。但在施工合同中，开工日前为 2010 年 12 月 15 日，交工日期为 2012 年 7 月 20 日，日历天数为 581 天。请问监理的工期目标应为多少天？为什么？

2. 施工合同中规定，业主应向施工单位提供施工图纸 2 套。施工单位在施工过程中要求业主另外提供施工图纸 3 套。请问这 3 套图纸的复制费用应由谁承担？为什么？

3. 在某结构工程施工中，施工单位需要在夜间浇筑混凝土，经业主同意并办理了有关手续。但按当地政府规定，晚上 11 点以后一般不得施工，若有特殊情况需要给附近居民发放补贴。请问此项费用应由谁支付？为什么？

4. 处在关键线路中的某结构工程施工中，由于当地电网线路事故原因，施工现场连续停电导致停工 3 天。停电后施工单位为减少损失，调整人员安排进行其他工作，但仍造成一台塔吊、2 台混凝土搅拌机停止工作。施工单位按合同规定就停工所造成的工期损失和费用损失提出索赔要求。请问监理工程师应如何批复？为什么？

十一、某公路工程，建设单位通过招标方式选择施工单位和监理单位。在施工招标和施工过程中发生以下事件：

事件1：招标人在组织评审A、B、C、D、E五家施工单位的投标文件时发现，A单位施工方案工艺落后，报价明显高于其他投标单位报价；B单位投标文件的关键内容字迹模糊、无法辨认；C单位投标文件符合招标文件要求；D单位的报价总额有误；E单位投标文件中某分部工程的报价有个别漏项。

事件2：为确保深基坑开挖工程的施工安全，施工项目经理亲自兼任施工现场的安全生产管理员。为赶工期，施工单位在报审深基坑开挖工程专项施工方案的同时即开始该基坑开挖。

事件3：施工单位对某分项工程的混凝土试块进行试验，试验数据表明混凝土质量不合格。于是委托经监理单位认可的具有相应资质的检测单位对该分项工程混凝土实体进行检测，检测结果表明，混凝土强度达不到设计要求，须加固补强。

事件4：专业监理工程师巡视时发现，施工单位采购进场的一批钢材准备用于工程，但尚未报验。

问题：

1. 事件1中A、B、D、E四家单位的投标文件是否有效？分别说明理由。

2. 指出事件2中施工单位做法的不妥之处，写出正确做法。

3. 写出监理工程师处理事件3的程序。

4. 写出专业监理工程师处理事件4的程序。

十二、某公路工程项目，工程量清单中的土石方开挖数量为750 000m^3，其中岩石分为软石、次坚石、坚石三类，对应的单价也随之递增，合同工期15个月。

问题：

1. 在施工中，承包人开挖的土石方数量比工程量清单中的数量多了100 000m^3，为此承包人提出由于工程量的变化影响了工程的正常进度，要求业主对此给予经济赔偿。承包人的要求是否合理?

2. 如果工程量清单中的软石、次坚石、坚石数量与实际情况出入太大，承包人能否得到额外费用赔偿？为什么?

3. 该工程在施工中部分工地遭受洪水袭击，监理工程师接到承包人提交的索赔申请后，应进行哪些工作?

十三、某公路工程划分为土建工程和设备安装工程两个合同段。建设单位通过公开招标方式分别与甲、乙施工单位签订了土建工程施工合同和设备安装工程施工合同，与丙单位签订了设备采购合同。工程实施过程中发生了以下事件：

事件1：甲施工单位按照施工合同约定的时间向项目监理机构提交了工程开工报审表，总监理工程师在审批施工组织设计文件后，组织专业监理工程师到场检查时发现，施工机具已进场准备就位，施工所需的施工道路、临时设施已完成，施工人员已到位，材料和工程设备已进场，施工测量人员正在进行测量控制桩和控制线的测设，拆迁工作正在进行，不会影响工程进度。为此，总监理工程师向甲施工单位签署了工程开工通知，并报告了建设单位。

事件2：专业监理工程师巡视时发现，甲施工单位现场施工人员准备将一种新型建筑材料用于工程。经询问，甲施工单位认为该新型建筑材料性能好、价格便宜，对工程质量有保证。项目监理机构要求其提供该新型建筑材料的有关资料，甲施工单位仅提供了使用说明书。

事件3：项目监理机构检查甲施工单位的某分项工程质量时，发现试验检测数据异常，便再次对甲施工单位试验室的资质等级及其试验范围、本工程试验项目及要求等内容进行了全面考核。

事件4：为了解工程设备性能，有效控制设备制造质量，项目监理机构指令乙施工单位指派专人进驻丙单位，与监理人员共同对丙单位的设备制造过程进行质量控制。

事件5：工程交工验收时，建设单位要求甲施工单位统一汇总甲、乙施工单位的工程档案后提交项目监理机构，由项目监理机构组织工程档案验收。

问题：

1. 事件1中，总监理工程师签署同意开工的意见是否妥当？说明理由。
2. 写出项目监理机构处理事件2的程序。
3. 事件3中，项目监理机构还应从哪些方面考核甲施工单位的试验室？
4. 事件4中，项目监理机构指令乙施工单位派专人进驻丙单位的做法是否正确？说明理由。
5. 指出事件5中建设单位要求的不妥之处，说明理由。

十四、某高速公路的业主采用公开招标的方式选定了施工承包单位。在签订合同时，业主为了确保承包人能履行合同义务与责任、保证工程质量，要求承包人支付一定比例的定金。业主与承包人双方在施工合同中对工程预付款、工程质量、工程价款、工期和违约责任等均做出了具体约定。

该项目中有一项互通立体交叉工程，在施工合同履行时，因该互通立交工程与当地城市道路规划不一致，需要重新论证该互通立交的设置，导致该工程停工3个月。恢复施工后，由于该承包人施工组织管理的失误，造成其进度计划中关键线路上的某项工作停工15天。这两次停工，该承包人均在合同规定的时限内向监理工程师提交了索赔报告，并提交了相关的证据资料及施工记录。

问题：

1. 定金与预付款有何区别？
2. 监理工程师判定承包人索赔成立的条件有哪些？
3. 承包人的上述两次索赔是否成立？为什么？

十五、某公路工程采用招标代理方式进行施工招标。在招标与施工阶段发生了如下事件：

事件1：招标代理机构提出，评标委员会由7人组成，包括建设单位纪委书记、工会主席，当地招标投标管理办公室主任，以及从交通运输主管部门建立的评标专家库中随机抽取的4位技术、经济专家。

事件2：建设单位要求招标代理机构在招标文件中明确：投标人应在购买招标文件时提交投标保证金；中标人的投标保证金不予退还；中标人还需提交履约保函，其保证金额为合同总额的20%。

事件3：施工中因地震导致施工停工1个月；已建工程部分损坏；现场堆放的价值50万元的工程材料（施工单位负责采购）损毁；部分施工机械损坏，修复费用20万元；现场8人受伤，施工单位承担了全部医疗费用24万元（其中建设单位受伤人员医疗费用3万元，施工单位受伤人员医疗费用21万元）；施工单位修复损坏工程支出10万元。施工单位按合同约定向项目监理机构提交了费用补偿和工程延期申请。

事件4：建设单位采购的大型工程设备运抵施工现场后，进行了清点移交。施工单位在安装过程中，该设备一个部件损坏，经鉴定，部件损坏是由于本身存在质量缺陷。

问题：

1. 指出事件1中评标委员会人员组成的不正确之处，并说明理由。
2. 指出事件2中建设单位要求的不妥之处，并说明理由。
3. 根据现行公路工程专用合同条款的规定，分析事件3中建设单位和施工单位各自承担哪些经济损失？项目监理机构应批准的费用补偿和工程延期各为多少？（不考虑保险）
4. 就施工合同主体关系而言，事件4中设备部件损坏的责任应由谁承担，并说明理由。

十六、某高速公路工程项目，建设单位通过公开招标方式分别确定了某监理单位和甲施工单位，并按规定签订了监理合同和施工合同。

施工合同约定的施工单位承包范围包括A、B、C、D、E五个子项目，其中，子项目A包括拆除废弃建筑物和新建工程两部分，在经监理工程师审查，并报建设单位同意后施工单位将拆除废弃建筑物部分分包给具有相应资质的乙施工单位。

在该工程项目施工过程中发生了下列事件：

事件1：由于拆除废弃建筑物的危险性较大，乙施工单位编制了专项施工方案，并组织召开了有甲施工单位与项目监理机构相关人员及有关专家参加的专家论证、审查会。会后，乙施工单位将该专项施工方案送交项目监理机构，要求总监理工程师审批。总监理工程师认为该专项施工方案已通过专家论证，便签字同意实施。

事件2：在该工程项目开工前，建设单位要求乙施工单位在废弃建筑物拆除前7日内，将资质等级证书与专项施工方案报送工程所在地交通（建设）行政主管部门。

事件3：受金融危机影响，建设单位于2012年1月20日正式通知甲施工单位与监理单位，缓建尚未施工的子项目D、E。而此前，甲施工单位已按照批准的计划向某机械厂订购了用于子项目D、E的工程设备，并向其支付定金300万元。鉴于无法确定复工时间，建设单位于2012年2月10日书面通知甲施工单位解除施工合同。

问题：

1. 指出事件1中的不妥之处，写出正确的做法。
2. 指出事件2中建设单位的不妥之处，写出正确做法。

3. 事件 3 中，建设单位是否可以解除施工合同？说明理由。如果甲施工单位不同意解除合同而继续子项目 D、E 的施工，项目监理机构应做哪些工作？

4. 事件 3 中，若解除施工合同，根据现行公路工程专用合同条款的有关规定，甲施工单位应得到哪些费用补偿？

考点 3　规范与范本

一、公路工程项目施工结束，应按照有关规定进行交工和竣工验收，未经验收或者验收不合格的，不得交付使用。根据《公路工程竣（交）工验收办法》、《公路工程质量检验评定标准》等的规定，回答以下问题：

1. 公路工程交工验收的条件是什么？

2. 公路通车试运营应满足什么条件？

3. 参加公路工程交工验收的各方有哪些？各自的职责是什么？

4. 公路工程质量评分包括哪三部分？

5. 在评定标准中 Δ 的含义是什么？在一般建设项目划分中“ * ”的含义是什么？

6. 如何进行公路工程质量等级评定？

二、实施公路工程施工安全监理和环境保护监理对于完善项目管理内容，提高项目管理水平，实现公路工程建设科学和可持续发展具有重要意义。

试根据《公路工程施工监理规范》（JTG G10—2006）的规定，回答以下问题。

1. 工程开工前，监理工程师应审查施工单位编制的施工组织设计中的安全技术措施或专项施工方案是否符合强制性标准，审查合格后方可同意工程开工。

请问监理工程师对施工组织设计中的安全技术措施或专项施工方案应重点审查的内容包括哪些？

2. 工程开工前，监理工程师应审查施工组织设计是否按设计文件和环境影响评价报告的有关要求制订了施工环境保护措施，审查合格后方可同意工程开工。

监理工程师在巡视、旁站中，应随时检查施工单位制订的环境保护措施的落实情况。

请问监理工程师在检查环境保护措施落实情况时应检查的主要内容包括哪些？

三、某公路工程，建设单位通过公开招标方式，分别和甲施工单位、某监理单位签订了施工合同和监理合同。

该工程在实施过程中发生以下事件：

事件 1：甲施工单位将其编制的施工组织设计报送建设单位。建设单位考虑到工程的复杂性，要求项目监理机构审核该施工组织设计。施工组织设计经监理单位技术负责人审核签字后，通过专业监理工程师转交给甲施工单位。

事件 2：甲施工单位依据施工合同的约定将深基坑开挖工程分包给乙施工单位，乙施工单位将其编制的深基坑支护专项施工方案报送项目监理机构，专业监理工程师接收并审核批准了该方案。

事件 3：主体工程施工过程中，因不可抗力造成损失。甲施工单位按照合同条款规定的程序及时向项目监理机构提出索赔申请，并附有相关证明材料，要求补偿的经济损失如下：

（1）在建工程损失 26 万元。

（2）施工单位受伤人员医药费、补偿金4.5万元。

（3）施工机具损坏损失12万元。

（4）施工机械闲置、施工人员窝工损失5.6万元。

（5）工程清理、修复费用3.5万元。

事件4：甲施工单位组织工程交工预验收后，向项目监理机构提交了工程交工报验单。项目监理机构组织工程交工验收。

问题：

1. 指出事件1中的不妥之处，写出正确做法。

2. 指出事件2中专业监理工程师做法的不妥之处，写出正确做法。

3. 逐项分析事件3中的经济损失是否应补偿给甲施工单位，分别说明理由。项目监理机构应批准的补偿金额为多少万元？

4. 指出事件4中的不妥之处，写出正确做法。

四、某公路工程项目，建设单位与甲施工单位按《公路工程标准施工招标文件》（2009年版）签订了施工合同，合同工期2年。经项目监理机构审查，并经建设单位同意，甲施工单位将其中的专业工程分包给乙施工单位。

该工程在施工过程中发生以下事件：

事件1：甲施工单位在基础工程施工时发现，现场条件与施工图不符，遂向项目监理机构提出变更申请。总监理工程师指令甲施工单位暂停施工后立即与设计单位联系，设计单位同意变更，但同时表示无法及时提交变更后的施工图。总监理工程师将此事报告建设单位，建设单位随即要求总监理工程师修改施工图并签署变更指令，指示甲施工单位实施变更。

事件2：监理工程师巡视时发现，乙施工单位未按审查后的施工方案施工，存在工程质量、安全事故隐患。监理工程师分别向甲、乙施工单位发出整改通知，甲、乙施工单位既不整改也未回函答复。

事件3：工程交工结算时，甲施工单位以事件1中基础工程设计变更所增加的费用列入工程交工结算申请，总监理工程师以甲施工单位未及时提出变更工程价款申请为由，拒绝变更基础工程价款。

事件4：工程交工验收前，项目监理机构根据《建设工程文件归档整理规范》的要求整理、归档资料，其中包括以下内容：

（1）工程开工审批表；

（2）图纸会审会议纪要；

（3）分包单位资格材料；

（4）工程质量事故报告及处理意见；

（5）工程费用索赔报告。

问题：

1. 分别指出事件1中总监理工程师和建设单位做法的不妥之处；写出该变更的正确处理程序。

2. 事件2中，监理工程师分别向甲、乙施工单位发出整改通知是否正确？分别说明理由。在发出整改通知后，甲、乙施工单位既不整改也未回函答复，监理工程师应采取什么措施？

3. 事件3中，总监理工程师的做法是否正确？说明理由。

4. 事件4中所列资料，哪些应向建设单位移交、哪些不移交？哪些由监理单位保存、哪些不保存？

五、某公路工程的建设单位通过公开招标的方式，将土建工程、设备安装工程分别发包给甲、乙两家施工单位。同时，委托某监理单位实施施工监理。在该工程施工过程中发生了如下事件：

事件1：项目监理机构在审查土建工程施工组织设计时，认为大型支架的拆除工程危险性较大，要求甲施工单位编制支架拆除工程专项施工方案。甲施工单位项目经理部编制了专项施工方案，项目总工程师凭以往经验进行了安全估算，认为方案可行，并安排质量检查员兼任施工现场安全员，遂即将方案报送总监理工程师签认。

事件2：土建工程开工前，专业监理工程师复核甲施工单位报送的测量成果时，发现对测量控制点的保护措施不当，造成建立的施工测量控制网失控，随即向甲施工单位发出了“监理工程师通知单”。

事件3：专业监理工程师在检查甲施工单位投入的施工机械设备时，发现数量偏少，即向甲施工单位发出了“监理工程师通知单”要求整改。在巡视时发现乙施工单位安装的某监控设备存在严重质量隐患，随即向乙施工单位签发了“工程暂停令”，要求停工整改。

事件4：建设单位采购的钢材在监理工程师见证下进行了取样送检，经有资质的检测单位检测，钢材力学性能合格，监理工程师同意进场使用，但在使用中发现，钢材焊接质量不合格。经进一步对钢材进行检验，最终确认该批钢筋焊接质量不符合要求。

事件5：甲施工单位施工时不慎将乙施工单位正在安装的一台设备损坏，甲施工单位向乙施工单位做出了赔偿。因修复损坏的设备导致工期延误，乙施工单位向项目监理机构提出延长工期申请。

问题：

1. 指出事件1中大型支架拆除工程专项施工方案编制和报审过程中的不妥之处，写出正确做法。

2. 事件2中专业监理工程师的做法是否妥当？“监理工程师通知单”中对甲施工单位的要求应包括哪些内容？

3. 指出事件3中专业监理工程师的做法是否妥当？对不妥之处说明理由并写出正确做法。

4. 事件3中乙施工单位整改完毕后项目监理机构应进行哪些工作？

5. 事件4中，施工单位和监理单位是否应对事件承担责任？说明理由。

6. 事件5中，乙施工单位向项目监理机构提出工期延长申请是否正确？说明理由。

六、某公路工程，建设单位通过公开招标与施工单位签订了施工合同。施工合同约定：工程签约合同价为200万元，工期6个月；开工预付款为签约合同价的15%；工程进度款按月结算；质量保证金总额为签约合同价的3%，按每月进度款（含工程变更和索赔费用）的10%扣留，扣完为止；开工预付款在工程的最后3个月等额扣回。

施工合同还约定：施工过程中发生设计变更时，增加的工程量采用以直接费为计算基础的工料单价法计价，间接费费率为8%，利润率为5%，综合税率为3.41%；发生窝工时，按人工窝工费50元/工日，施工机械设备闲置费1 000元/台班补偿。

工程实施过程中发生以下事件：

事件1：基础工程施工中，遇勘探中未探明的地下障碍物。施工单位处理该障碍物导致直接工程费增加10万元，其他工程费增加2万元，人工窝工60工日，施工机械设备闲置3台班，影响工期3天。

事件2：为了保持总工期不变，建设单位要求施工单位加快基础工程的施工进度。施工单位同意按照建设单位的要求赶工，但需增加赶工费5万元。为此，施工单位提出了费用补偿要求。

事件3：主体结构工程施工时，施工单位为了保证工程质量，采取了相应的技术措施，为此增加了工程费用2万元。项目监理机构收到施工单位主体结构工程验收申请后，及时组织了验收，验收结论合格。施工单位以通过验收为由向项目监理机构提交申请，要求建设单位支付增加的2万元工程费用。

事件4：经项目监理机构审定的施工单位各月实际进度款（含工程变更和索赔费用）如下表所示。

经项目监理机构审定的施工单位各月实际进度款

时间（月）	1	2	3	4	5	6
实际进度款（万元）	40	50	40	35	30	25

问题：

1. 事件1中，施工单位应得到多少费用补偿？说明理由。

2. 事件2中，项目监理机构是否应批准施工单位的赶工费用补偿？说明理由。

3. 事件3中，项目监理机构是否应同意增加2万元工程费用的要求？说明理由。

4. 该工程质量保证金总额为多少？根据上表，该工程每个月应扣留质量保证金是多少？监理工程师每个月应签发的实际付款金额是多少？

七、某路桥工程公司通过投标竞争承包了某高速公路一座桥梁施工。该桥梁的基础为明挖浅基础。施工合同采用《公路工程标准施工招标文件》（2009年版）合同条款。承包人于2010年4月1日进驻工地，准备按合同开工期2010年5月1日开工，因征地拆迁延误到2010年5月24日才开始施工。在2010年8月3日桥梁基坑开挖后，发现基底承载力不能满足设计要求。于是，业主通过监理人向承包人发出变更指示，将明挖基础改为钻孔桩基础。因此，使该桥施工期延误7天。2011年9月20日，业主提出桥梁外部重新装修的要求，因此使工程不能在合同规定的2011年10月1日前交工，需延迟到2011年10月25日。承包人2011年10月2日就上述三项事件提出费用索赔和延长工期56天的工期索赔要求，并向监理工程师提交了索赔意向通知书和索赔通知书及相关记录和证明材料。

问题：

1. 承包人提出索赔的依据是什么？

2. 如果不考虑索赔程序，请分析承包人是否有理由就上述三项事件提出索赔要求，并说明理由。

3. 试分析在承包人所提出的上述三项索赔要求中监理工程师应受理哪几项？为什么？

4. 该工程工期能否延至2011年10月25日？监理工程师如何处理上述索赔事件？

八、某公路工程项目在施工过程中，发生如下4项事件：

事件1：在基础开挖过程中，个别部位实际土质与业主在招标时提供的《参考资料》中给定地质资料不符，造成施工费用增加2.5万元，相应工序的持续时间增加了4天；

事件2：施工单位为了保证质量，扩大了基坑底面尺寸，造成开挖量增加导致费用增加3.0万元，相应工序的持续时间增加了3天；

事件3：在基础砌筑过程中，因业主提供的施工图纸有误，实际工程量增加3.8万元，相应工序的持续时间增加了2天；

事件4：当年进入雨季施工，恰逢30年一遇的大暴雨，造成停工损失2.5万元，工期增加了4天。

在以上事件中，除第4项外，其余工序均未发生在关键线路上，并对总工期无影响。针对上述事件，施工单位按照合同规定提出如下索赔要求：

（1）增加合同工期13天；

（2）增加费用11.8万元。

问题：

1. 施工单位针对施工过程中所发生的上述事件提出的费用索赔和工期索赔是否成立？为什么？

2. 如果在工程缺陷责任期间发生了由施工单位原因引起的质量问题，在监理工程师多次书面指令施工单位修复而施工单位一再拖延的情况下，业主另请其他施工单位修复，则所发生的修复费用该如何处理？

九、某监理公司承担某公路桥梁项目的施工监理任务，监理机构按一级监理机构设置。该工程由甲施工单位总承包。甲施工单位选择了经建设单位同意并经监理工程师进行资格审查合格的乙施工单位作为分包单位。施工过程中发生了以下事件：

事件1：专业监理工程师在熟悉图纸时发现，基础工程部分设计内容不符合国家有关工程质量标准和规范。总监理工程师随即致函设计单位要求改正并提出变更建议方案。设计单位研究后，口头同意了总监理工程师的变更方案，总监理工程师随即将变更的内容写成监理指令通知甲施工单位执行。

事件2：施工过程中，专业监理工程师发现乙施工单位施工的分包工程部分存在质量隐患，为此，总监理工程师同时向甲、乙两施工单位发出了整改通知。甲施工单位回函称，乙施工单位施工的工程是经建设单位同意进行分包的，所以本单位不承担该部分工程的质量责任。

事件3：专业监理工程师在巡视时发现，甲施工单位在施工中使用未经检验的建筑材料，若继续施工，该部位将被隐蔽。因此，立即向甲施工单位下达了暂停施工的指令（因甲施工单位的工作对乙施工单位的工作有影响，乙施工单位也被迫停工）。同时，指示甲施工单位对该材料进行检验，并报告了总监理工程师。总监理工程师对该工序停工予以确认，并在合同规定的时间内报告了建设单位。检验报告出来后，证实该材料合格，可以使用，总监理工程师随即指令施工单位恢复了正常施工。

事件4：乙施工单位就上述停工致使自身遭受的损失向甲施工单位提出补偿要求，而甲施工单位称，此次停工是执行监理工程师的指令，乙施工单位应向建设单位提出索赔。

事件5：对上述施工单位的索赔，建设单位称，本次停工是监理工程师失职造成，且事先未征得建设单位同意。因此，建设单位不承担任何责任，该停工造成施工单位的损失应由监理单位承担。

问题：

1. 指出事件1中，总监理工程师行为的不妥之处并说明理由。总监理工程师应如何正确处理？

2. 在事件2中，甲施工单位的答复是否妥当？为什么？总监理工程师发出的整改通知是否妥当？为什么？

3. 在事件3中，专业监理工程师是否有权下达暂停施工的指令？为什么？本次工程暂停的程序有无不妥之处？请说明理由。

4. 在事件4中，甲施工单位的说法是否正确？为什么？乙施工单位的损失应由谁承担？

5. 在事件5中，建设单位的说法是否正确？为什么？

十、某公路工程全部由政府投资兴建。该项目为该省建设规划的重点项目之一，且已列入地方年度固定投资计划。该项目的初步设计文件已经编制完成，但尚未获得主管部门批准，征地工作也未全部完成。现决定对该项目进行施工招标。招标人在国家级报刊发布招标公告。招标人于2008年8月5日向具备承包该项目资格条件的A、B、C、D、E五家承包人发出资格预审合格通知，其中说明，8月10日至8月17日在招标人总工程师室领取招标文件，9月5日14时为投标截止时间。这五家承包人均领取了招标文件。8月18日招标人对投标单位就招标文件提出的所有问题统一做出了书面答复，随后组织各投标单位进行了现场踏勘。9月5日这五家承包人均按规定的时间提交了投标文件。

开标时，由招标人检查投标文件的密封情况，确认无误后，由工作人员当众拆封。由于承包人A已撤回投标文件，故招标人宣布有B、C、D、E四家承包人投标，并宣读这四家承包人的投标价格、工期和其他主要内容。

评标委员会委员由招标人直接确定，共由7人组成，其中招标人代表2人，技术专家3

人，经济专家 2 人。

按照招标文件中确定的综合评标标准，四个投标人综合得分从高到低的顺序依次为 B、C、D、E，故评标委员会确定承包人 B 为中标人。由于承包人 B 为外地企业，招标人于 9 月 8 日将中标通知书寄出，承包人 B 于 9 月 18 日收到中标通知书。最终双方于 10 月 13 日签订了书面合同。

问题：

1. 《中华人民共和国招标投标法》中规定的招标方式有哪几种？

2. 该工程若采用邀请招标方式，是否违反有关规定？为什么？

3. 从招标投标的性质来看，本案例中的要约邀请、要约和承诺的具体表现是什么？

4. 资格预审文件包括什么？它们各自的内容包括什么？

5. 根据《中华人民共和国招标投标法》的有关规定，判断该项目在招标投标过程中有哪些不妥之处？并说明理由。

十一、某公路工程的建设单位通过招标方式选定监理单位，并依法签订了监理合同。监理单位根据该工程项目特点及监理工作实际情况，设置了二级监理机构。在监理合同履行过程中发生以下事件。

事件 1：项目监理计划中明确了以下工作内容：

（1）论证工程项目总投资目标。

（2）制订施工阶段资金使用计划。

（3）编制由建设单位供应的材料和设备的进场计划。

（4）审查确认施工分包。

（5）检查施工单位试验室试验设备的计量检定证明。

（6）协助建设单位确定招标控制价。

（7）计量已完工程。

（8）验收隐蔽工程。

（9）审核工程索赔费用。

（10）审核施工单位提交的工程支付申请单。

（11）参与工程交工验收。

事件 2：建设单位提出要求，即除第一次工地会议应由建设单位主持召开外，总监理工程师应主持召开每月一次的工地例会以及专题工地会议，主持编制各专业监理细则，负责工程计量，负责组织编制监理竣工文件。

事件 3：项目监理机构履行安全生产管理的监理职责，审查了施工单位报送的安全生产相关资料。

事件 4：监理工程师发现，施工单位使用的起重机械没有现场安装后的验收合格证明，随即向施工单位发出“监理通知单”。

问题：

1. 针对事件 1 中所列的工作，分别指出哪些属于施工阶段施工质量控制工作、哪些属于施工阶段费用控制工作？对不属于施工阶段质量、费用控制工作的，分别是什么理由。

2. 指出事件2中建设单位所提要求的不妥之处，并写出正确做法。

3. 事件3中，根据《建设工程安全生产管理条例》，项目监理机构应审查施工单位报送资料中的哪些内容？

4. 事件4中，“监理通知单”应对施工单位提出哪些要求？

考点4　工程项目管理

一、某公路工程施工过程中，施工单位发现某分项工程设计图纸有错误，为了节省时间，确保工程按期完成，施工单位直接找到设计单位，要求设计单位对该分项工程进行变更。设计单位便按照施工单位的要求对该工程进行了变更，并将变更图纸交给了施工单位。

问题：

1. 施工单位发现施工图纸有错误直接要求设计单位进行变更，该行为是否妥当？如不妥当，应如何处理？

2. 设计单位能否按照施工单位要求进行变更？为什么？

3. 对于施工图纸中的错误，监理机构应如何处理？

4. 施工单位收到监理机构提供的施工图纸后，如果认为存在导致变更情形的，应如何处理？

5. 监理机构在收到施工单位的变更建议后应如何处理？

二、某建设项目，承包人根据施工承包合同规定，在开工前编制了该项目的施工进度计划，如下图所示（单位：月）。该进度计划已经监理工程师批准。

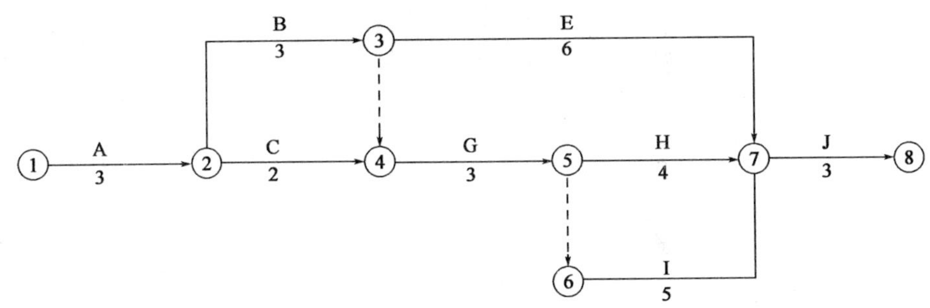

施工进度计划图（单位：月）

在施工过程中，发生了下列事件：

事件1：施工到第2个月时，业主要求增加一项工作D，工作D持续时间为4个月。工作D安排在工作A完成之后，工作I开始之前。

事件2：由于设计变更导致工作G停工待图2个月。

事件3：由于不可抗力的暴雨导致工作D拖延1个月。

上述事件发生后，为保证不延长总工期，承包商需通过压缩工作G的后续工作的持续时间来调整施工进度计划。根据分析，后续工作的费率是：工作H为2万元/月，工作I为2.5万元/月，工作J为3万元/月。

问题：

1. 该建设项目初始施工进度计划的关键工作有哪些？计划工期是多少？

2. 在该建设项目初始施工进度计划中，工作C和工作E的总时差分别是多少？

3. 绘制增加工作 D 后的施工进度计划并计算此时的总工期。

4. 工作 G、D 拖延对总工期的影响分别是多少？说明理由。

5. 根据上述情况，提出承包人施工进度计划调整的最优方案，并说明理由。

三、某公路工程，建设单位与施工单位签订了施工合同。该施工合同采用《公路工程标准施工招标文件》合同条款。项目监理机构批准的施工进度计划如下图所示，各项工作均按最早开始时间安排，匀速进行。

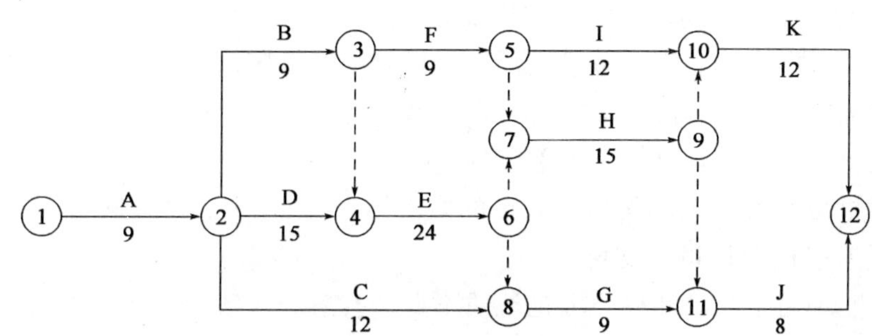

施工进度计划图（单位：天）

该工程实施过程中发生了如下事件：

事件 1：施工准备完毕后，项目监理机构审查“工程开工报审表”及相关资料后认为，施工许可证已获政府主管部门批准，征地拆迁工作满足工程进度需要，施工单位现场管理人员已到位，但其他开工条件尚不具备，总监理工程师不予批准“工程开工报审表”。

事件 2：施工单位按合同进度计划，向监理机构提交了工程开工报审表，经监理机构审批后，总监理工程师在施工合同约定的开工日期 5 天前向施工单位发出开工通知。

事件 3：工程开工后第 20 天下班时刻，项目监理机构确认，A、B 工作已完成；C 工作已完成 6 天的工作量；D 工作已完成 5 天的工作量；B 工作未经监理人员验收的情况下，F 工作已进行 1 天。

问题：

1. 根据有关规定，该工程还应具备哪些开工条件，总监理工程师方可批准“工程开工报审表”？

2. 总监理工程师的做法是否妥当？说明理由。

3. 针对监理机构所批准的施工进度计划，确定该施工进度计划的工期和关键工作。分别计算 C 工作、D 工作、F 工作的总时差和自由时差。

4. 分析开工后第 20 天下班时刻施工进度计划的执行情况，并分别说明对总工期及紧后工作的影响，此时，预计总工期延长多少天？

5. 针对事件 3 中 F 工作在 B 工作未经验收的情况下就开工的情形，项目监理机构应如何处理？

四、某大桥工程建设项目经公开招标，建设单位分别委托某路桥公司施工，某监理公司进行施工监理，并商签了施工合同和监理合同。

地质资料显示，项目所在地为石灰岩分布区，地下水丰富。该桥梁基础为钻孔灌注桩，按照该工程施工合同条款的规定，所有桩基都要进行无破损法（超声波）检测，以确保桩基础的工程质量。在桩基施工完成后按规定进行检测时，发现有一根断桩，断桩位置处在地下水位以下，且地质资料显示该处有溶洞。监理工程师书面指示施工单位立即采取措施处理。于是，施工单位向项目监理机构报送了处理方案，其要点如下：

（1）补桩。

（2）调整承台的结构钢筋，外形尺寸作部分改动。

总监理工程师根据自己多年的桥梁设计工作经验，经审核认为施工单位提交的处理方案可行，因此予以批准。施工单位随即提交了索赔意向通知书，并在补桩施工完成后第5天向项目监理机构提交了索赔通知书。施工单位的索赔要求如下：

（1）要求索赔断桩处理期间机械、人员的窝工损失。

（2）增加的补桩应予计量、支付。

承包人的索赔理由是此桩断桩原因是地质不良、有溶洞所致。

问题：

1. 总监理工程师批准施工单位提交的断桩处理方案，在工作程序方面是否存在不妥之处？请说明理由。

2. 简述监理工程师处理施工过程中工程质量问题的程序要点。

3. 对于施工单位提出的索赔要求，总监理工程师应如何处理？并说明理由。

五、某高速公路建设项目，业主委托东海监理咨询公司负责该项目的施工监理工作。该公司的副总经理担任该项目的总监理工程师。为了确保监理工作能按时展开，总监理工程师安排该监理咨询公司的技术负责人主持并组织有关人员编写该项目的监理计划。编写人员根据本监理公司已有的监理计划范本，将投标时编写的监理方案进行修改后编制成该项目的监理计划。该监理计划经总经理审核签字后报送业主批准。

该项目监理计划内容包括：①工程项目概况；②监理工作依据；③监理工作内容；④监理机构的组织形式；⑤监理机构人员配备计划；⑥监理工作方法及措施；⑦监理机构的人员岗位职责；⑧监理设施。

在施工前召开的监理交底会上，总监理工程师向承包人介绍监理计划时，重点介绍了监理工作内容、监理机构的人员岗位职责和监理设施等内容。其中，监理工作内容如下：

（1）编制项目施工进度计划，报业主批准后下发施工单位执行。

（2）检查现场施工质量情况，对所发现的质量问题立即指示承包人处理。

（3）协助承包人编制施工组织设计。

（4）审查承包人投标报价的组成，对工程项目造价目标进行风险分析。

（5）编制工程量计量规则，并据此进行工程计量。

（6）组织工程交工验收。

问题：

1. 指出该监理机构在编写“监理计划”过程中的不妥之处，并说明理由。

2. 该项目“监理计划”的内容是否完整？若不完整，请说明还缺少那些内容，并将其中的缺项名称写出来。

3. 请说明在总监理工程师介绍的监理工作6项内容中，那些内容是不正确的，并改正。

六、某施工单位编制的某工程网络进度计划图，如下图所示。该网络进度计划原始方案各工作的持续时间和估计费用，见下表。

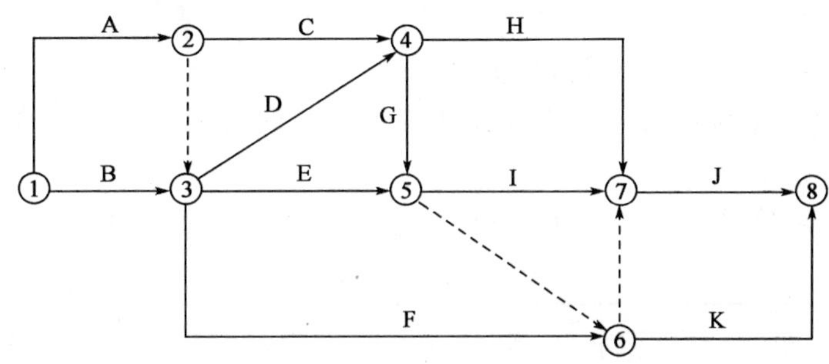

工程网络图

各工作持续时间和估计费用表

工　　作	持续时间（天）	费用（万元）	工　　作	持续时间（天）	费用（万元）
A	12	18	G	8	16
B	26	40	H	28	37
C	24	25	I	4	10
D	6	15	J	32	64
E	12	40	K	16	16
F	40	120			

问题：

1. 根据上述工程网络图，确定网络进度计划原始方案的关键线路和计算工期。

2. 若施工合同规定：工程工期93天，工期每提前一天奖励施工单位3万元，每延期一天对施工单位罚款5万元。计算按网络进度计划原始方案实施时的综合费用。

3. 若该网络进度计划各工作的可压缩时间及压缩单位时间增加的费用，见下表。确定该网络进度计划的最低综合费用和相应的关键路线，并计算调整优化后的总工期（要求写出调整优化过程）。

各工作可压缩时间和增加费用表

工　　作	可压缩时间（天）	压缩单位时间增加的费用（万元/天）	工　　作	可压缩时间（天）	压缩单位时间增加的费用（万元/天）
A	2	2	G	1	2
B	2	4	H	2	1.5
C	2	3.5	I	0	—
D	0	—	J	2	6
E	1	2	K	2	2
F	5	2			

七、某工程项目建设单位与施工单位依法签订了施工合同，合同中估算工程量为5 300m^3，单价为180元/m^3。合同工期为6个月。合同中有关支付条款如下：

（1）开工前，建设单位向施工单位支付估算合同价20%的预付款；

（2）建设单位从第1个月起，从施工单位的工程款中，按5%的比例扣保留金；

（3）当累计实际完成工程量超过（或低于）估算工程量的10%时，价格应予调整，调价系数为0.9（或1.1）；

（4）每月签发付款证书最低金额为15万元；

（5）预付款从施工单位获得累计工程款超过估算合同价的30%以后的下一个月起至第5个月均匀扣除。

施工单位每月实际完成并经监理工程师签认认可的工程量如下表所示：

签 订 工 程 量

月 份	1	2	3	4	5	6
完成工程量（m^3）	800	1 000	1 200	1 200	1 200	500
累计完成工程量（m^3）	800	1 800	3 000	4 200	5 400	5 900

问题：

1. 估算合同总价是多少？

2. 预付款是多少？预付款从哪个月起扣回？每月扣回预付款是多少？

3. 每月工程量价款是多少？应签证的工程款是多少？应签发的付款凭证金额是多少？

八、某公路工程项目，采用公开招标方式选择施工单位。招标文件要求，提交投标文件和投标保证金的截止时间为2008年5月30日。共有5家施工单位参加了投标。第1家施工单位于2008年6月2日提交了投标保证金。开标会于2008年6月3日由当地交通局主持召开。第5家施工单位于开标前向建设单位要求撤回投标文件和退还投标保证金。经过评标定标建设单位最终确定第3家施工单位中标。建设单位与中标的施工单位按规定签订了施工合同。

该公路工程在施工过程中发生了以下事件：

事件1：因建设单位拆迁工作拖延，导致施工单位A项工作延误了2天，并造成人工窝工6个工日。

事件2：施工单位与机械设备租赁商约定，C工作施工用的某机械由出租方提供。但因出租方原因该机械未能按计划进场，造成施工单位C工作延误2天和人工窝工8个工日。

事件3：因建设单位提出设计变更，导致施工单位E工作延误4天，增加人工14个工日，其他费用增加9000元。

事件4：因建设单位提供的材料出现质量缺陷，导致施工单位H工作延误2天，增加人工8个工日，并使F工作延误1天，并造成人工窝工20个工日。

上述事件中，A、C、H三项工作均为关键工作，其余工作均为非关键工作，并均有还够的机动时间。

问题：

1. 上述招标投标过程中，有哪些不妥之处？请说明理由。

2. 第 1 家施工单位提交投标保证金的时间是否符合规定？对其投标文件会产生什么影响？为什么？

3. 第 5 家施工单位撤回投标文件，招标方对其投标保证金应如何处理？为什么？

4. 施工单位能否就上述每项事件向建设单位提出工程延期和费用索赔？请说明理由。

5. 建设单位和施工单位签订的施工合同中约定，在施工过程中，由于建设单位原因造成施工单位经济损失时，建设单位应给予补偿的人工费标准为 25 元/日，窝工人工费标准为 15 元/工日，施工管理费、利润等均不予补偿。在该工程中，施工单位可得到合理的费用索赔有哪几项？费用索赔额是多少？

九、某公路桥梁工程施工项目，业主通过公开招标分别与某路桥公司和某监理单位签订了施工合同和监理合同。施工单位进场后进行了施工准备工作，并在开工前向监理单位提交了该工程的施工组织设计和桩基础施工方案。监理工程师审核后，分析了该桥桩基础施工方案可能出现的问题及其后果，并提出了修改意见和建议，以书面形式回复施工单位并上报业主。

问题：

1. 施工单位认为监理方所提出的意见和建议合理，同意修改原施工方案，并提交了新的施工方案。同时，施工单位申请开工。你认为监理方按监理程序应如何处理？

2. 开工后，监理工程师发现施工并未按新的施工方案组织施工，且现场组织不力。为此，监理工程师应如何处理？

3. 施工单位仍坚持按原施工方案进行施工，且施工质量明显不符合技术规范要求，现场出现安全事故隐患。此时，监理工程师应如何行使权力和处理此问题？

十、某公路工程的施工合同工期为 16 周，项目监理机构批准的施工进度计划如下图所示。各工作均按匀速施工。施工单位的报价单（部分）见下表。

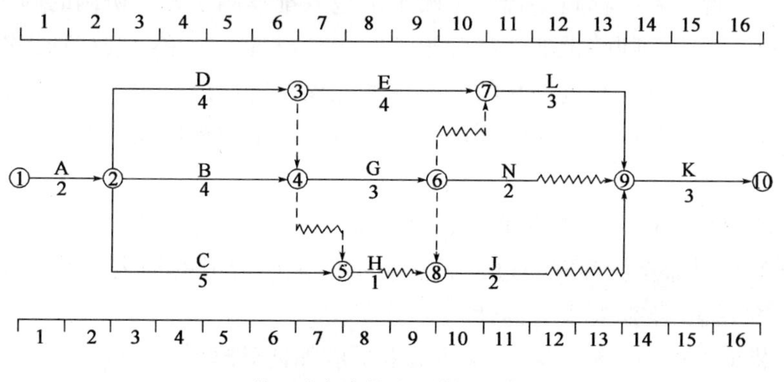

施工进度计划图（单位：周）

施工单位报价单

序　号	工 作 名 称	估算工程量	综合单价（元/m³）	合价（万元）
1	A	800m³	300	24
2	B	1 200m³	320	38.4
3	C	20 次	—	—
4	D	1 600m³	280	44.8

工程施工到第 4 周末时进行进度检查，发生以下事件：

事件 1：A 工作已经完成，但由于设计图局部修改，实际完成的工程量为 840m³，工作持续时间未变。

事件 2：B 工作施工时，遇到异常恶劣的气候，造成施工单位的施工机械损坏和施工人员窝工，损失 1 万元，实际只完成估算工程量的 25%。

事件 3：C 工作为检验、检测配合工作，只完成了估算工程量的 20%，施工单位实际发生检验、检测配合工作费用 5 000 元。

事件 4：施工中发现地下文物，导致 D 工作尚未开始，造成施工单位自有设备闲置 4 个台班，台班单价为 300 元/台班、折旧费为 100 元/台班。施工单位进行文物现场保护的费用为 1 200 元。

问题：

1. 根据第 4 周末的检查结果，在图上绘制实际进度前锋线，逐项分析 B、C、D 三项工作的实际进度对工程的影响，并说明理由。

2. 若施工单位在第 4 周末就 B、C、D 出现的进度偏差提出工程延期的要求，项目监理机构应批准工程延期多长时间？为什么？

3. 施工单位是否可以就事件 2、事件 4 提出费用索赔？为什么？可以获得的索赔费用为多少？

4. 事件 3 中 C 工作发生的费用如何结算？

5. 前 4 周施工单位可以得到的结算款为多少元？

十一、某工程下部为钢筋混凝土基础，上部为设备安装。业主分别与土建、设备安装单位签订了基础、设备安装工程施工合同。两个承包人都编制了相互协调的施工进度计划，且进度计划已得到监理工程师的批准。基础施工完毕，设备安装单位按计划将材料及设备运进现场准备施工。经检测发现有近 1/6 的设备预埋螺栓位置偏差过大，无法安装设备，须返工处理。设备安装工作因基础返工而受到影响，设备安装单位提出索赔要求。

问题：

1. 设备安装单位的损失应由谁负责？为什么？

2. 由于设备预埋螺栓位置偏差过大无法正常施工而造成的损失，设备安装单位能否直接向土建施工单位提出索赔要求？为什么？

3. 设备安装单位提出索赔要求，监理工程师应如何处理？

4. 对于预埋螺栓位置偏差过大的质量问题，监理工程师应如何处理？

5. 对于预埋螺栓位置偏差过大的质量问题，监理机构是否应承担责任？为什么？

十二、某平原区二级公路工程项目，设计图纸简单，全部工程项目工期预计1年。根据该项目的特点，该项目的施工合同经建设单位与施工单位通过协商采用固定总价合同。但由于工期短，而工程量大，施工单位无法准确核算。开工后发生了一系列事件：

事件1：施工单位发现原来的基础工程支护方案过于简单，提出变更施工方案。新的施工方案造成基础工程造价的大幅度增加。施工单位据此提出费用索赔的要求。

事件2：施工过程中，由于发生洪涝灾害，工期发生拖延2个月。复工后，由于水灾影响，人工工资普遍上涨，建材价格涨幅也比较大。施工单位据此提出费用索赔。

事件3：建设单位对灾后的市场形势错误估计，拖欠了施工单位1个月的工程款。建设单位用电话通知的方式，通知施工单位暂停施工1个月。

事件4：施工单位复工后，由于建设项目都处于复工的状态，一度造成建筑材料和人工的短缺。施工单位所需要的资源量不能得到保证，工期拖延20天。

事件5：施工单位的施工设备受暴雨的影响，出现前所未有的故障。施工单位被迫停工进行设备维修。为此，施工单位就所发生的设计变更、材料和人工费涨价、洪涝灾害、拖欠工程款、设备检修造成的停工等一系列事件，向建设单位索赔工期和费用。

问题：

1. 按照计价方式分，合同分为哪几种形式？

2. 建设单位电话通知变更是否适当？

3. 分析上述事件中施工单位提出的索赔要求是否合理。

十三、某公路工程项目为政府重点投资的项目。根据有关规定，建设单位通过公开招标方式选择某施工单位和某监理单位分别承担该项目的施工任务和监理任务，并与他们分别签订了施工合同与监理合同。该项目在施工过程中发生了下列事件：

事件1：建设单位于2012年11月底向中标的监理单位发出监理中标通知书，监理中标价为280万元；建设单位与监理单位协商后，于2013年1月10日签订了监理合同。监理合同约定，合同价为260万元；因非监理单位原因导致监理服务期延长，每延长一个月增加监理费8万元；监理服务自合同签订之日起开始，服务期26个月。

建设单位通过施工招标确定了施工单位，并与施工单位签订了施工承包合同。合同约定，开工日期为2013年2月10日，施工总工期为24个月。

事件2：由于吊装作业危险性较大，施工单位编制了专项施工方案，并送现场监理员签收。吊装作业前，起重机司机使用风速仪检测到风力过大，拒绝进行吊装作业。施工项目经理便安排另一名起重机司机进行吊装作业，监理员发现后立即向专业监理工程师汇报，该专业监理工程师回答说：这是施工单位内部的事情。

事件3：监理员将施工单位编制的专项施工方案交给总监理工程师后，发现现场吊装作业起重机发生故障。为了不影响进度，施工项目经理调来另一台起重机，该起重机比施工方案确定的起重机吨位稍小，但经安全检测可以使用。监理员立即将此事向总监理工程师汇报，总监理工程师以专项施工方案未经审查批准就实施为由，签发了停止吊装作业的指令。

施工项目经理签收暂停令后，仍要求施工人员继续进行吊装。总监理工程师报告了建设单位，建设单位负责人称工期紧迫，要求总监理工程师收回吊装作业暂停令。

事件4：由于施工单位的原因，施工总工期延误5个月，监理服务期达30个月。监理单位要求建设单位增加监理费32万元，而建设单位认为监理服务期延长是施工单位造成的，监理单位对此负有责任，不同意增加监理费。

问题：

1. 指出事件1中建设单位做法的不妥之处，写出正确做法。
2. 指出事件2中专业监理工程师的不妥之处，写出正确做法。
3. 指出事件2和事件3中施工项目经理在吊装作业中的不妥之处，写出正确做法。
4. 分别指出事件3中建设单位、总监理工程师工作中的不妥之处，写出正确做法。
5. 事件4中，监理单位要求建设单位增加监理费是否合理？说明理由。

十四、某施工单位通过施工投标方式，承包了某中桥工程施工项目并与项目法人签订了施工承包合同。建设单位通过公开招标方式选择某监理单位承担该项目的施工监理工作。

施工合同约定：

（1）合同总价为420万元。

（2）工程于2008年9月25日开工，工期为12个月。

（3）工程预付款按10%计，并在各月工程进度款内平均扣回。

（4）质量保证金按当月工程进度款5%的比例预留。

在施工过程中发生如下事件：

事件1：2008年10月初，左侧桥台基坑开挖后发现地质条件与原勘察资料不符，桥台地基为风化岩，且破碎严重。监理单位指示施工单位暂停施工，并要求施工单位尽快提交处理方案。施工单位提交了开挖清除风化岩和水泥固结灌浆两种处理方案。监理单位确定采用灌浆方案，并及时发出了书面变更通知。

事件2：2008年11月，施工单位完成并经监理工程师审核的工程量清单项目费用为50万元，水泥固结灌浆工程费用为10万元。

事件3：2009年9月6日，合同工程已全部完成，并具备交工验收条件。施工单位向监理单位提出了合同工程交工验收申请报告，随后监理单位主持进行了交工验收。

问题：

1. 计算工程预付款。
2. 计算11月份的工程进度款、扣留的质量保证金、预付款扣回和实际付款金额。
3. 指出事件1中关于变更处理的不妥之处，并说明正确做法。
4. 指出事件3中的不妥之处并改正。

十五、某公路工程项目合同工期为18个月。施工合同签订以后，施工单位编制了一份初始网络进度计划，如下图所示。

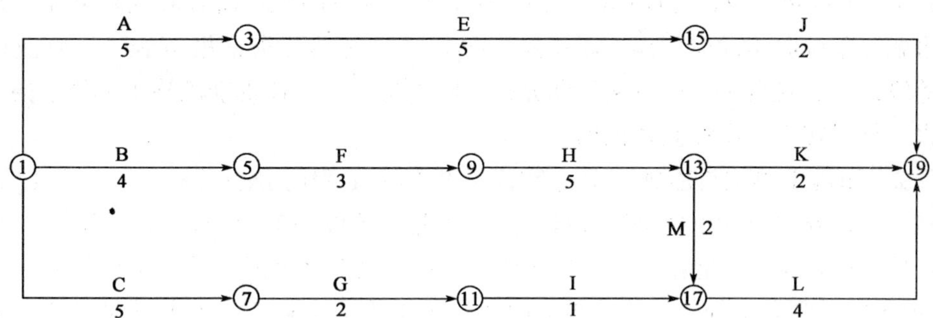

初始网络计划（单位：月）

由于该工程施工工艺的要求，计划中工作C、工作H和工作J需共用一台起重施工机械，为此需要对初始网络计划作调整。

问题：

1. 请画出调整后的网络进度计划图。

2. 如果各项工作均按最早开始时间安排，起重机械在现场闲置多长时间？为减少机械闲置，工作C应如何安排？

3. 该计划执行3个月后，施工单位接到建设单位的设计变更，要求增加一项新工作D，安排在工作A完成之后开始，在工作E开始之前完成，因而造成了个别施工机械的闲置和某些工种的窝工，为此施工单位向建设单位提出如下索赔：（1）施工机械停滞费；（2）机上操作人员人工费；（3）某些工种的人工窝工费。请分别说明以上补偿要求是否合理，为什么？

4. 工作G完成后，由于建设单位变更施工图纸，使工作I停工待图0.5个月，如果建设单位要求按合同工期完工，施工单位可向建设单位索赔赶工费多少万元（已知工作I赶工费每月12.5万元）？为什么？

十六、某甲施工单位通过施工投标方式与建设单位签订了某公路施工项目的施工合同。甲施工单位按照施工合同约定，拟将B、F两项分部工程分别分包给乙、丙施工单位。经总监理工程师批准的施工总进度计划如下图所示，各项工作匀速进展。

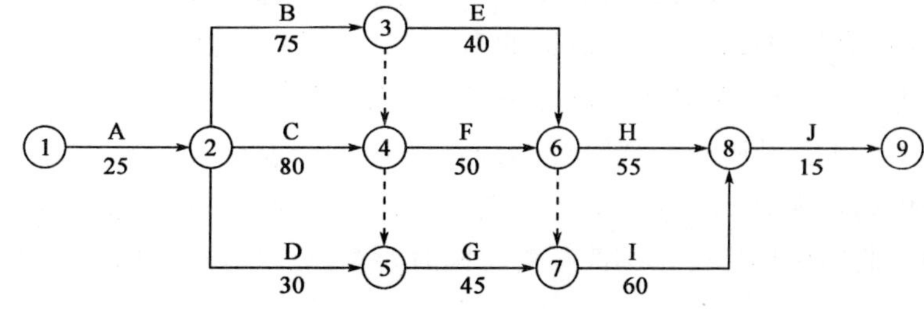

施工总进度计划（单位：天）

在该项目施工过程中发生了以下事件：

事件1：工程开工前，建设单位未将委托给监理单位的监理内容和权限书面告知甲施工单位。甲施工单位向建设单位提交了乙施工单位“分包单位资格报审表”及营业执照、企业资质等级证书、安全生产许可文件和分包合同等材料，申请批准乙施工单位进场。建设单位将该报审材料转交给项目监理机构。

事件2：甲施工单位与乙施工单位签订了B分部工程的分包合同。B分部工程开工45天后，建设单位要求设计单位修改设计，造成乙施工单位停工15天，窝工损失合计8万元。修改设计后，B分部工程价款由原来的500万元增加到560万元。甲施工单位要求乙施工单位在30天内完成剩余工程，乙施工单位向甲施工单位提出补偿3万元的赶工费，甲施工单位确认了赶工费。

事件3：由于事件2中B分部工程修改设计，乙施工单位向项目监理机构提出工程延期的申请。

事件4：监理工程师巡视时发现，已进场施工的丙施工单位未经项目监理机构进行资格审核。

问题：

1. 事件1中，分别指出建设单位、甲施工单位做法的不妥之处，说明理由。甲施工单位提交的乙施工单位分包资格材料还应包括哪些内容？

2. 事件2中，考虑设计修改和费用补偿，乙施工单位完成B分部工程每月（按30天计）应获得的工程价款分别为多少万元？B分部工程的最终合同价款为多少万元？

3. 事件3中，乙施工单位的做法有何不妥？写出正确做法。B分部工程的实际工期是多少天？

4. 事件3中，B分部工程修改设计对F分部工程的进度以及工程总工期有何影响？分别说明理由。

5. 写出项目监理机构对事件4的处理程序。

十七、某高速公路工程，建设单位通过招标方式分别与施工单位和监理单位签订了施工合同和监理合同。施工合同工期为9个月，签约合同价为840万元。项目监理机构批准的施工进度计划如下图所示，各项工作均按照最早时间安排且均匀施工，施工单位的部分报价如下表所示。施工合同中约定；开工预付款为签约合同价的20%，当工程进度付款额达到签约合同价的50%时开始扣回开工预付款，3个月内平均扣回；质量保证金为签约合同价的5%，从第1个月开始，按每月进度付款额的10%扣留，扣完为止。

该工程于2012年3月1日开工，施工中发生了如下事件：

事件1：建设单位接到政府安全管理部门将于6月份进行现场安全施工大检查的通知后，要求施工单位结合现场安全状况进行自查，对存在的问题进行整改。施工单位进行了自查整改，并向项目监理机构递交了整改报告，同时要求建设单位支付为迎接检查进行整改所发生的费用。

事件2：现场浇筑的混凝土基础出现了多道裂缝，经有资质的检测单位检测分析，认定是商品混凝土的质量问题。对此，施工单位提出，因商品混凝土厂家是建设单位推荐的，故建设单位负有推荐的责任，应分担检测的费用。

事件3：K工作施工中，施工单位以设计文件建议的施工工艺难以施工为由，向建设单位书面提出了工程变更的请求。

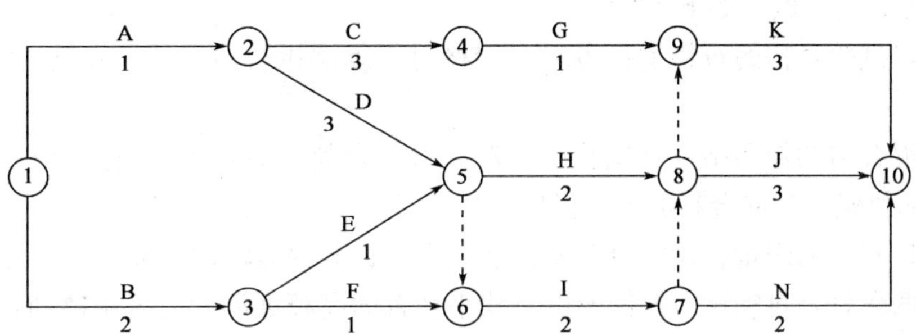

监理机构批准的施工进度计划（单位：月）

施工单位的部分报价

工　作	A	B	C	D	E	F
合同报价（万元）	30	54	30	84	300	21

问题：

1. 该施工进度计划中有几条关键线路？请指出。

2. 开工3个月后施工单位每月应获得的工程款是多少？

3. 工程开工预付款是多少？开工预付款从何时开始扣回？开工3个月后，总监理工程师每个月签发的工程款是多少？

4. 分别分析事件1和事件2中，施工单位提出的费用要求是否合理？说明理由。

5. 事件3中，施工单位提出的变更程序是否妥当？说明理由。

十八、某公路工程的建设单位通过公开招标的方式与施工单位签订了施工合同。该施工合同采用《公路工程标准施工招标文件》（2009年版）合同条款。

在施工过程中，发包人认为该工程涵洞数量太少，无法满足排水需要，于是提出增加三座涵洞，所增加的涵洞在已标价工程量清单中有相同的子目。监理人在经发包人同意后向承包人发出变更意向通知书。承包人收到变更意向书后认为该变更可行，在合同规定的时间内向监理人提交了变更报价书。监理人收到承包人变更报价书后，在与合同当事人协商后确定了变更工作的单价。最后监理人向承包人发出变更指示，要求承包人实施该变更。

根据上述背景材料，回答以下问题：

1. 试说明合同条款规定的变更的范围和内容。

2. 试说明合同条款规定的变更的估价原则。

3. 试说明变更指示应包含的主要内容。

4. 试说明增加三座涵洞是否构成变更？说明理由。如何确定所增加涵洞的价格。

十九、某高速公路设计车速120km/h，路面面层为三层式沥青混凝土结构。施工企业为公路交通大型企业专业施工队伍，设施精良。为保证工程施工质量，防止沥青路面施工中沥青混合料摊铺时发生离析、沥青混凝土路面压实度不够、平整度及接缝明显，施工单位在施工准备，沥青混合料的拌和，沥青混合料的运输，沥青混合料的摊铺，沥青混合料的压实，接缝的处理等方面，做了如下工作：

1. 选用经试验合格的石料进行备料，严格对下承层进行清扫，并在开工前进行试验段铺筑；

2. 沥青混合料的拌和站设置试验层，对沥青混合料及原材料及时进行检验，拌和中严格控制集料加热温度和混合料的出厂温度；

3. 根据拌和站的产量，运距合理安排运输车辆，确保运输过程中混合料的质量；

4. 设置两台具有自动调节摊铺厚度及找平装置的高精度沥青混凝土摊铺机梯进式施工，严格控制相邻两机的间距，以保证接缝的相关要求；

5. 压路机采用 2 台双轮双振压路机及 2 台 16t 胶轮压路机组成，严格控制碾压温度及碾压重叠宽度；

6. 纵缝采用热接缝，梯进式摊铺，后摊铺部分完成，立即骑缝碾压，以除缝迹，并对接缝作了严格控制。

问题：

1. 施工准备中，控制石料除了规格和试验外，堆放应注意哪几点？

2. 沥青混合料铺筑试验段的主要目的是什么？

3. 若出厂的混合料出现白花料，请问在混合料拌和中可能存在什么问题？

4. 混合料的运输中应注意的主要问题是什么？

5. 沥青混合料摊铺过程中，为什么应对摊铺温度随时检查并做好记录？

6. 沥青混凝土路面的碾压过程中，除了应严格控制碾压温度和碾压重叠宽度外，还应注意哪些问题？

7. 请简述横接缝的处理方法。

二十、某工程项目的建设单位采用《公路工程标准施工招标文件》（2009 年版）编制招标文件，通过公开招标与某承包人签订了施工合同。工程招标时，招标人提供的参考资料中标识的施工用砂料源地点距施工现场 4km。但是工程开工后，经检查发现该砂质量不符合要求，承包人只得从另一距工地 20km 的供砂点采购。而在一个关键工作面上又发生了 4 项临时停工事件：

事件 1：5 月 20 日至 5 月 26 日承包人的施工设备出现了从未出现过的故障；

事件 2：计划于 5 月 24 日交给承包人的后续图纸直到 6 月 10 日才交给承包人；

事件 3：6 月 7 日至 6 月 12 日施工现场下了罕见特大暴雨；

事件 4：6 月 11 日至 6 月 14 日该地区突然供电全面中断（合同规定，承包人不需自备发电机）。

根据上述背景材料，解答下列问题：

1. 通常情况下，承包人的索赔要求成立的条件是什么？

2. 由于供砂距离的增大，必然引起费用的增加，承包人经过仔细计算后，在合同规定的时间内向监理人提交了将原用砂单价每吨提高5元人民币的费用索赔要求。该费用索赔要求是否成立？为什么？

3. 承包人按规定的索赔程序针对上述4项临时停工事件提出了索赔要求，试说明每项事件工期和费用索赔能否成立？为什么？

4. 试计算承包人应得到的工期和费用索赔是多少（合同约定：若费用索赔成立，则发包人按2万元/天 补偿给承包人）？

5. 若承包人对因建设单位原因造成窝工损失进行索赔时，要求施工设备窝工损失按台班计算，人工的我国损失按工日单价计算是否合理？如不合理应怎样计算？

二十一、某高速公路建设项目，建设单位分别与土建和机电设备安装单位签订了土建、机电设备安装工程施工合同。按有关规定，建设单位委托某监理单位承担该建设项目施工监理工作，并与之签订了施工监理合同。

监理合同签订后，总监理工程师主持编制了项目监理计划，提出了质量目标控制措施如下：

（1）熟悉质量控制依据和文件；

（2）确定质量控制要点，落实质量控制手段；

（3）完善职责分工及有关质量监控制度，落实质量控制责任；

（4）对不符合合同规定质量要求的工程，拒签支付证书；

（5）审查施工单位提交的施工组织设计和施工方案。

在监理计划中规定，监理工作所需要的测量、检测试验仪器设备向施工单位借用，如不能满足需要，指令施工单位提供。

该建设项目正式施工之前，土建及设备安装单位都编制了相互协调的进度计划，进度计划已获得监理机构的批准。

土建工程施工完成后，设备安装单位按计划将设备安装材料及设备运进施工现场。经检测发现由土建施工单位施工的设备基础预埋螺栓位置有18%的偏移过大，无法安装设备，须返工处理，设备安装工作因基础返工而受到影响，由此造成安装单位的经济损失。

问题：

1. 监理工程师在进行目标控制时应采取哪些方面的措施？上述质量目标控制措施各属于哪一种措施？

2. 上述质量目标控制措施哪些是主动控制措施，哪些是被动控制措施？

3. 监理计划中关于监理设备配备的规定是否合理？为什么？

4. 安装单位的损失应由谁负责？为什么？

5. 对于设备预埋螺栓位置偏移过大的质量问题，监理单位是否应承担责任？为什么？

6. 监理工程师如何处理上述质量问题？

二十二、某实施监理的工程，建设单位与施工单位按照《公路工程标准施工招标文件》（2009年版）签订了施工合同。项目监理机构批准的施工进度计划如下图所示，各项工作均按最早开始时间安排，匀速进行。

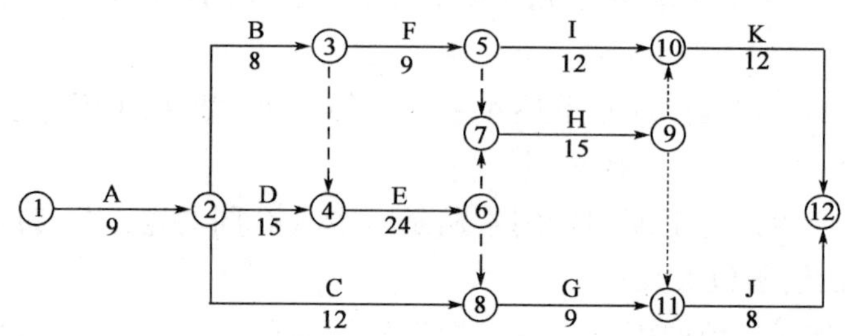

施工进度计划图（单位：天）

施工过程中发生如下事件：

事件1：施工准备期间，由于施工设备未按期进场，施工单位在合同约定的开工日前第5天向项目监理机构提出延期开工的申请，总监理工程师审核后给予书面回复。

事件2：施工准备完毕后，项目监理机构审查工程开工报审表及相关资料后认为：施工许可证已获政府主管部门批准，征地拆迁工作满足工程进度需求，施工单位现场管理人员已到位，但其他开工条件尚不具备。总监理工程师不予签发工程开工报审表。

事件3：工程开工后第20天下班时刻，项目监理机构确认A、B工作已完成，C工作已完成6天的工作量，D工作已完成5天的工作量；B工作在未经监理人员验收的情况下，F工作就已开始施工，且已进行1天。

问题：

1. 总监理工程师是否应批准事件1中施工单位提出的延期开工申请？说明理由。

2. 根据有关规定，该工程还应具备哪些开工条件，总监理工程师方可签发工程开工报审表？

3. 针对图中所示的施工进度计划，确定该施工进度计划的工期和关键工作。并分别计算C工作、D工作、F工作的总时差和自由时差。

4. 分析开工后第20天下班时刻施工进度计划的执行情况，并分别说明对总工期及紧后工作的影响，此时，预计总工期延长多少天？

5. 针对事件3中F工作在B工作未经验收的情况下就开工的情形，项目监理机构应如何处理？

二十三、某施工企业承包的一项公路工程签约合同价为5 000万元（其利润目标为签约合同价的5%）。开工预付款为签约合同价的10%，开工预付款在进度付款证书累计金额达到签约合同价的30%时开始扣回，到进度付款证书的累计金额达到签约合同价的80%时全部扣完。质量保证金的百分比为月支付金额的1%，质量保证金限额为签约合同价的5%。

在工程完成签约合同价的60%时，由于业主违约，合同被迫终止。此时承包人另外完成变更工程150万元，完成暂定项目50万元，为工程合理订购材料库存80万元。由于合同被迫终止，承包人设备撤回基地和遣返所有雇用人员的费用共60万元（该项费用在工程量清单中未单独列项）。业主就已完成的各类工程均已按合同规定予以支付。该项目实际工程量与清单工程量一致，且无调价。

问题：

1. 业主扣回的开工预付款是多少？

2. 业主实际已支付各类工程款共计多少？

3. 业主还需支付各类补偿款多少？

4. 业主总共应支付给承包人多少工程款？

二十四、某公路工程的建设单位通过公开招标方式分别与某施工单位和某监理单位签订了施工合同和监理合同。施工合同工期为15个月，总监理工程师批准的施工进度计划如下图所示。

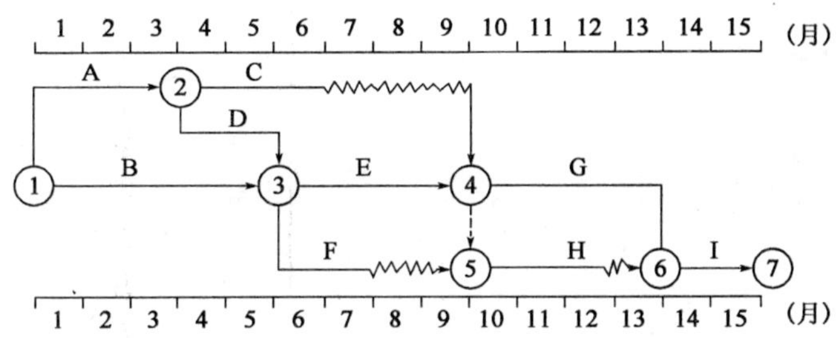

施工进度计划（单位：月）

施工过程中发生了下列事件：

事件1：在第5个月初到第8个月末的施工过程中，由于建设单位提出工程变更，使施工进度受到较大影响。截至第8个月末，未完工作尚需作业时间见下表。施工单位按索赔程序向项目监理机构提出了工程延期的要求。

事件2：建设单位要求本工程仍按原合同工期完成，施工单位需要调整施工进度计划，以便加快后续工程进度。经分析得到的各工作有关数据见下表。

相关数据表

工作名称	C	E	F	G	H	I
尚需作业时间（月）	1	3	1	4	3	2
可缩短的持续时间（月）	0.5	1.5	0.5	2	1.5	1
缩短持续时间所增加的费用（万元/月）	28	18	30	26	10	14

问题：

1. 该工程施工进度计划中关键工作和非关键工作分别有哪些？C和F工作的总时差和自由时差分别为多少？

2. 事件1中，逐项分析第8个月末C、E、F工作的拖后时间及对工期和后续工作的影响程度，并说明理由。

3. 针对事件1，项目监理机构应批准的工程延期时间为多少？说明理由。

4. 针对事件2，施工单位加快施工进度而采取的最佳调整方案是什么？相应增加的费用为多少？

第二部分　专项练习题参考答案

考点 1　法律知识

一、参考答案

1. 承包人的观点符合合同规定。因为按合同规定的解释合同文件优先顺序，技术规范优先于图纸，因此，在二者发生矛盾时，应以技术规范为准。业主的解释和要求不符合约定优先的原则。

2. 如果合同中未规定解释合同文件的优先顺序，则根据《合同法》的规定，应按承包人的解释即技术规范的规定来执行。因为该合同为格式合同，《合同法》规定，对格式条款有两种以上解释的，应当做出不利于提供格式条款一方的解释。技术规范和图纸是由业主方提供的，因此，在出现矛盾时，应按承包人的理解来执行。

3. 如果业主坚持按图纸施工，而监理工程师也觉得按图纸施工更有利于保证工程质量，则监理工程师应下达工程变更令，指示承包人按图纸施工。然后，按合同条款中规定的变更的估价原则与方法确定承包人执行此项指示后的费用。

二、参考答案

1. 水泥厂的做法是正确的。

理由：根据《合同法》的有关规定，当履行期限不明确时，债务人可以随时履行，债权人也可以随时要求履行，但应当给对方必要的准备时间。

2. 合同当事人在约定合同内容时，应包括以下条款：

（1）当事人的名称或者姓名和住所；（2）标的；（3）数量；（4）质量；（5）价款或者报酬；（6）履行期限、地点和方式；（7）违约责任；（8）解决争议的方法。

三、参考答案

1. 施工合同的内容包括：工程范围、建设工期、中间交工工程的开工和竣工时间、工程质量、工程造价、技术资料交付时间、材料和设备供应责任、拨款和结算、竣工验收、质量保修范围和质量保证期、双方相互协作等条款。

2. 当事人对工程质量约定不明确的，采用以下办法补救：

（1）由当事人协议补充；

（2）如不能达成补充协议的，按照合同有关条款或者交易习惯确定；

（3）如果按照前两种方式仍然不能确定的，则按下列规定进行履行：

按国家标准、行业标准履行；没有国家、行业标准的，按照通常标准或者符合合同目的的特定标准履行。

3. 当事人可以通过和解或者调解解决合同争议。当事人不愿和解、调解或者和解、调解不成的，可以根据仲裁协议向仲裁机构申请仲裁。当事人没有订立仲裁协议或者仲裁协议无效的，可以向人民法院起诉。

四、参考答案

1. 该工程招投标过程中的不妥之处如下：

（1）“对省内与省外投标人提出了不同的资格要求”不妥。

因为根据《招标投标法》规定，招标人不得违法限制或排斥本地区、本系统以外的法人或其他组织参加投标。招标人不得以不合理的条件限制或排斥潜在投标人，不得对潜在投标人实行歧视待遇，或限制投标人之间的竞争。

（2）“投标截止时间与开标时间有所不同”不妥。

因为按《招标投标法》规定，开标应当在提交投标文件截止时间的同一时间公开进行。

（3）“由市招标办主持开标”不妥。

因为按《招标投标法》规定，公开开标应由招标人或其代理人主持。

（4）“乙单位提交投标保证金迟于规定时间”不妥。

因为投标保证金是投标文件的组成部分，应在投标截止日前提交。

对因招标人原因导致招标失败造成投标单位损失不予补偿。因为招标对投标人不具有合同意义上的约束力，不能保证投标人中标。

2. 总监理工程师应做的工作有：

（1）签发《工程暂停令》，指令承包单位停止相关部位及下道工序施工；

（2）要求承包单位采取必要的措施，防止事故扩大，并保护现场；

（3）要求承包单位立即书面上报有关主管单位；

（4）要求承包单位在规定时间内写出书面报告。

3. 质量事故调查组应由省级交通主管部门组织。因为该质量事故属于一般质量事故。

监理单位应参加调查组。因为该质量事故是由于施工单位的原因造成的，并非由于监理工程师的过失所致，监理单位不应回避。

4. 该质量事故是由于甲承包单位的过错造成的，一般应由甲承包单位提出该质量事故的技术处理方案。

技术处理方案核签后，总监理工程师应完成下列工作：

（1）监督技术处理方案的实施；

（2）组织检查、验收；

（3）签发《工程复工令》。

该质量事故报告应由甲承包单位提出。

5. 建设单位与甲承包单位所签协议具有与施工合同相同的法律效力。因为合同履行中，双方所签书面协议是合同文件的组成部分。

具有管辖权的法院不予受理甲承包单位的诉讼请求。因为仲裁与诉讼两者只可选其一。

五、参考答案

1.（1）事件1中建设单位的不妥之处：

①建设单位要求总监理工程师组织召开设计交底会。

正确做法：由建设单位组织设计交底会。

②建设单位要求总监理工程师向设计单位指出设计图纸中的错误。

正确做法：总监理工程师对设计图纸中存在的问题应书面报告建设单位，并向其提出书面意见和建议，由建设单位与设计单位协调、处理。

（2）事件1中总监理工程师的不妥之处：

①总监理工程师对发现的设计图纸的错误口头向建设单位汇报。

正确做法：应以书面形式向建设单位汇报。

②在工程定位放线期间指派专业监理工程师审查分包单位资质报审表及相关资料。

正确做法：应在分包工程开工前进行审查。

③安排监理员复验原始基准点、基准线和测量控制点。

正确做法：应安排专业监理工程师复验。

2. 事件1中，专业监理工程师在审查分包单位的资格时，应审查的内容包括：

（1）分包单位的营业执照、企业资质等级证书、安全生产许可证；

（2）分包单位的业绩；

（3）拟分包工程的内容和范围；

（4）专职管理人员和特种作业人员的资格证、上岗证。

3. 针对事件2，项目监理机构与施工单位协调，要求施工单位代为串换，但发生的费用由建设单位承担。

4. 针对事件3，总承包单位的正确做法：工程具备了隐蔽条件，总承包单位进行自检，自检合格后，应通知监理工程师在约定的期限内检查。经监理工程师检查确认质量符合隐蔽要求，并在检查记录上签字后，承包人方可进行隐蔽。

5.（1）事件4中，总监理工程师的不妥之处：认为施工过程均按要求进行了验收，便签署了竣工报验单，并向建设单位提交了竣工验收报告和质量评估报告。

正确做法：在收到总承包单位报送的工程竣工报验单和全部竣工资料后，总监理工程师

应组织专业监理工程师，依据法律、法规、工程建设强制性标准、设计文件及施工合同，对承包单位报送的竣工资料进行审查，并对工程质量进行竣工预验收。对存在的问题，应及时要求承包单位整改。整改完毕后由总监理工程师签署工程竣工报验单，并在此基础上提出工程质量评估报告。工程质量评估报告应经总监理工程师和监理单位技术负责人审核签字，而竣工验收报告是在竣工验收合格后，由总监理工程师会同参加验收的各方签署竣工验收报告。

（2）事件4中，建设单位的不妥之处：收到竣工验收报告和质量评估报告后即将工程投入使用。

正确做法：建设单位收到竣工验收报告后，应组织勘察、设计、施工、监理，质量监督机构和其他有关方面的专家组成验收组，对工程进行验收。工程经验收合格后方可投入使用。

六、参考答案

1. 在招标投标过程中的不妥之处和理由如下。

（1）不妥之处：开标时，由招标人检查投标文件的密封情况。

理由：按照有关规定，开标时，由投标人或者其推选的代表检查投标文件的密封情况，也可以由监标人或招标人委托的公证机构检查。

（2）不妥之处：评标委员会中的技术、经济专家由招标人直接确定。

理由：该项目为一般的招标项目。一般招标项目评标委员会成员中的技术、经济专家应从交通主管部门提供的评标专家库中随机抽取。

（3）不妥之处：评标委员会的组成不妥。

理由：根据《招标投标法》规定，评标委员会由招标人的代表和有关技术、经济等方面的专家组成，成员人数为5人以上单数，其中技术经济等方面的专家不得少于成员总数的2/3。

2. B单位向招标人递交的书面说明有效。根据《招标投标法》的规定，投标人在招标文件要求提交投标文件的截止时间前，可以补充、修改或者撤回已提交的投标文件，补充、修改的内容作为投标文件的组成部分。

3. 在开标后，招标人应对C单位的投标书作废标处理。因为C单位因投标书只有单位公章未有法定代表人印章或签字，不符合招投标法的要求。

4. 投标书在下列情况下，可作废标处理：

（1）逾期送达的或者未送达指定地点的；

（2）未按招标文件要求密封的；

（3）无单位盖章并无法定代表人或法定代表人授权的代理人签字或盖章的；

（4）未按规定格式填写，内容不全或关键字迹模糊、无法辨认的；

（5）投标人递交两份或多份内容不同的投标文件，或在一份投标文件中对同一招标项目报有两个或多个报价，且未声明哪一个有效（按招标文件规定提交备选投标方案的除外）；

（6）投标人名称或组织机构与资格预审时不一致的；

（7）未按招标文件要求提交投标保证金的；

（8）联合体投标未附联合体各方共同投标协议的。

5. 招标人对E单位的投标书作废标的处理是正确的。因为E单位未能在投标截止时间前送达投标文件。

七、参考答案

1.（1）“业主提出招标公告只在本市日报上发布”不正确。

理由：公开招标项目的招标公告，必须在国家指定的报刊、信息网络或者其他媒介发布，任何单位和个人不得非法限制招标公告的发布地点和发布范围。

（2）“业主要求采用邀请招标”不正确。

理由：因该工程项目由政府投资建设，相关法规规定：“全部使用国有资金投资或者国有资金投资占控股或者主导地位的项目”，应当采用公开招标方式招标。如果采用邀请招标方式招标，应由有关部门批准。

（3）“业主提出的仅对潜在投标人的资质条件、业绩进行资格审查”不正确。

理由：资质审查的内容还应包括：①信誉；②技术；③拟投入人员；④拟投入机械；⑤财务状况等。

2.（1）A 投标人的投标文件有效。

（2）B 投标人的投标文件（或原投标文件）有效，但补充说明无效。

因开标后投标人不能变更（或更改）投标文件的实质性内容。

（3）C 投标人的投标文件无效。

因投标保函的有效期应超过投标有效期 30 天。

（4）D 投标人的投标文件有效。

（5）E 投标人的投标文件无效。

因为组成联合体投标的，投标文件应附联合体各方共同投标协议。

3. F 投标人的投标文件有效。

处理方式：招标人可以没收其投标保证金，给招标人造成损失超过投标保证金的，招标人可以要求其赔偿。

4.（1）该项目应自中标通知书发出后 30 日内按招标文件、A 投标人的投标文件、中标通知书签订书面合同，双方不得再签订背离合同实质性内容的其他协议。

（2）合同价格应为 8 000 万元。

八、参考答案

1. 事件 1 中材料供应商的做法正确。

原因：合同法规定，当合同履行期限不明确的，债务人可以随时履行，债权人也可以随时要求履行，但应当给对方必要的准备时间。

2. 合同当事人在约定合同内容时，一般应约定以下条款：

（1）当事人的名称或者姓名和住所；（2）标的；（3）数量；（4）质量；（5）价款或者报酬；（6）履行期限、地点和方式；（7）违约责任；（8）解决争议的方法。

3. 事件 2 中施工单位的做法是正确的。

原因：合同法规定，逾期交付标的物的，遇价格上涨时，按照原价格执行；价格下降时按照新价格执行。

4. 事件 2 中施工单位和设备供应商之间产生的争议属于合同争议。

合同争议处理的方式有：(1) 协商；(2) 调解；(3) 仲裁；(4) 诉讼。

5. 事件 3 中合同终止的原因是债务已经按照约定履行。

可以使合同终止的其他情况有：(1) 合同解除；(2) 债务相互抵消；(3) 债权人免除债务；(4) 债务人依法将标的物提存；(5) 债权债务同归一人；(6) 法律规定或者当事人约定终止的其他情形。

6. 事件 4 中的合同当事人签订的合同无效。

以下情况可导致合同无效：

(1) 一方以欺诈、胁迫的手段订立合同，损害国家利益；

(2) 恶意串通，损害国家、集体或者第三人利益；

(3) 以合法形式掩盖非法目的；

(4) 损害社会公共利益；

(5) 违反法律、行政法规的强制性规定。

考点2 法规及规章政策

一、参考答案

1. 专职安全生产管理人员负责对安全生产进行现场监督检查，并做好检查记录。发现生产安全事故隐患，应当及时向项目负责人和安全生产管理机构报告；对违章指挥、违章操作和违反劳动纪律的，应当立即制止。

施工现场应当按照每5000万元施工合同额配备一名的比例配备专职安全生产管理人员，不足5000万元的至少配备一名。

2. 施工单位主要负责人应依法对本单位的安全生产工作全面负责。施工单位应当：①建立健全安全生产责任制度和安全生产教育培训制度及安全生产技术交底制度。②制定安全生产规章制度和有关的操作规程。③保证本单位安全生产条件所需资金的投入。④对所承担的公路工程进行定期和专项安全检查，并做好安全检查记录。

施工单位的项目负责人应由取得相应执业资格的人员担任，依法对所负责的公路工程项目的安全施工负责。应当：①落实本项目的安全生产责任制度、安全生产规章制度和有关操作规程。②确保安全生产费用的有效使用。③根据本工程项目的特点组织制定安全施工措施，消除安全事故隐患。④及时、如实报告生产安全事故。

3. 施工单位的主要负责人、项目负责人未履行安全生产管理职责的，责令限期改正；逾期未改正的，责令施工单位停业整顿；造成重大安全事故、重大伤亡事故或者其他严重后果，构成犯罪的，依法追究其刑事责任。

施工单位的主要负责人、项目负责人有上述违法行为，但不够刑事处罚的，可处以2万元以上20万元以下的罚款或者按照管理权限给予撤职处分；自刑罚执行完毕或者受处分之日起，5年内不得担任任何施工单位的主要负责人、项目负责人。

二、参考答案

1. A公司的做法不符合国家有关法律的规定。

A公司的行为属于非法转包行为，这是《中华人民共和国招标投标法》中禁止的行为。

2. 事件2中B公司向A公司提出的索赔不正确。

正确做法：B公司就因A公司的拖延造成其开工推迟的工期和费用损失，向建设单位提出索赔。

3. 事件3中C公司向建设单位提出的索赔是合理的。

理由：在施工合同中约定，建设单位应协调现场其他施工单位为承包单位创造可利用条件。

4. 根据《建设工程质量管理条例》的规定，违法分包行为主要有：

（1）总承包单位将建设工程分包给不具备相应资质条件的单位的。

（2）建设工程总承包合同中未有约定，又未经建设单位认可，承包单位将其承包的部分建设工程交由其他单位完成的。

三、参考答案

1. 该承包人中标价中计列的安全生产费用不满足规定要求。

因为，《公路水运工程安全生产监督管理办法》规定，施工单位在工程报价中应当包含安全生产费用，一般不得低于投标价的1%，且不得作为竞争性报价。

因此，该承包人中标价中计列的安全生产费用应当为：

200 000 000 ×1% =2 000 000（元）=200（万元）

2. 该承包人安排的专职安全生产管理人员不满足规定要求。

因为，《公路水运工程安全生产监督管理办法》规定，施工现场应当按照每5 000万元施工合同额配备1名的比例配备专职安全生产管理人员，不足5 000万元的至少配备1名。

因此，该承包人安排的专职安全生产管理人员的数量应当为：

（200 000 000/50 000 000）×1 =4（人）

3. 该项目中，应当编制专项施工方案的工程有：

路基工程中：高边坡处理工程，爆破工程。

桥梁工程中：桩基础工程施工，预应力混凝土T梁、柱式墩等施工。

隧道工程中：不良地质地段隧道施工。

四、参考答案

1.（1）事件1中挖断煤气管道事故的责任方为建设单位。

理由：开工前，建设单位应向施工单位提供完整的施工区域内的地下管线图，其中应包含煤气管道走向及埋深位置图，并保证资料的真实、准确、完整。

（2）项目监理机构批准的工程延期为7天。

理由：雨季下雨停工3天不予批准，这是施工单位应承担的风险责任。监理机构只批准因抢修煤气管道导致现场停工7天的工程延期。

（3）项目监理机构批准的费用补偿为14 000元。

理由：费用补偿：7天×2 000元/天=14 000元。

2. 根据《建设工程安全生产管理条例》，事件2中甲、乙施工单位和监理单位对基坑局部坍塌事故应承担的责任及理由如下：

（1）甲施工单位和乙施工单位对事故承担连带责任，由乙施工单位承担主要责任。

理由：甲施工单位属于总承包单位，乙施工单位属于分包单位，他们对分包工程的安全生产承担连带责任。分包单位不服从管理导致的生产安全事故的，由分包单位承担主要责任。

（2）监理单位承担监理责任。

理由：监理单位应当按照法律、法规和工程建设强制性标准实施监理，并对建设工程安全生产承担监理责任。

3. 事件3中甲施工单位做法的不妥之处及正确做法如下：

（1）“甲施工单位凭施工经验，未经安全验算就编制高边坡处理工程专项施工方案”不妥。

正确做法：对高边坡处理工程应编制专项施工方案，且有详细的安全验算书。

（2）“专项施工方案经项目经理签字后报监理工程师审批的同时就开始组织施工”不妥。

正确做法：专项施工方案经甲施工单位技术负责人、监理工程师审查同意签字后实施。

（3）“施工现场安全生产管理人员由项目总工程师兼任”不妥。

正确做法：应该由专职安全生产管理人员进行现场监督。

4. 事件4中甲施工单位的做法不妥。

理由：依据《建设工程安全生产管理条例》，施工单位不得在尚未交工验收的建筑物内设置员工集体宿舍。

五、参考答案

1. 在路基高边坡施工中，施工单位的做法不妥及理由：

（1）不妥之处：未按已批准的施工技术方案施工。

理由：施工单位应执行已批准的施工技术方案；若采用新技术时，相应的施工技术方案应经项目监理机构审批。

（2）不妥之处：总监理工程师下达工程暂停令后施工单位继续施工。

理由：施工单位应当执行总监理工程师下达的工程暂停令。

2. 建设单位下列做法不妥：

（1）要求监理单位对工程延期承担相应的责任。

（2）未及时组织交工验收。

（3）要求施工单位自费修复损毁的工程。

3. 对施工单位采用新的施工技术，项目监理机构还应做如下工作：

（1）要求施工单位报送采用新技术的施工方案。

（2）审查施工单位报送的施工方案。

（3）若施工方案可行，总监理工程师签认；若施工方案不可行，要求施工单位仍按原批准的施工方案执行。

4. 施工单位不同意自费修复损害的工程是正确的。

因为该工程经监理机构审查确认已具备交工验收条件，监理机构已在收到交工验收申请报告后的28天内，报请建设单位进行交工验收。建设单位在监理机构收到交工验收申请报告后的56天内未组织交工验收。按照合同条款的约定，此时应视为该工程已通过交工验收。该工程自施工单位提交交工验收申请报告之日起已进入缺陷责任期，在缺陷责任期内建设单位对工程承担照管和维护的责任。因此，洪水不可抗力导致工程损害的，应由建设单位承担责任。

工程修复时监理工程师的主要工作内容：（1）进行监督检查，验收合格后予以签认；（2）核实工程费用和签署工程款支付证书，并报建设单位。

六、参考答案

1. 必须公开招标的理由：由于该项目估算总投资为4 200万元，由地方政府投资建设，《招标投标法》规定，全部使用国有资金投资或者国有资金投资占控股或者主导地位的工程建设项目，以及国务院发展和改革部门确定的国家重点项目和省、自治区、直辖市人民政府确定的地方重点项目，应当公开招标。

2. 自行招标的条件包括：①具有项目法人资格；②具有与招标项目相适应的工程管理、造价管理、财务管理能力；③具有组织编制公路工程施工招标文件的能力；④具有对投标人进行资格审查和组织评标的能力。

3. 本项目应采用的计价方式是单价合同。

理由：会使合同双方风险得到合理的分配。

4. 建设单位对招标投标工作的安排的不妥之处如下：

（1）2011年3月8日8时至2011年3月11日17时为购买招标文件的时间。

理由：自招标文件或者资格预审文件出售之日起至停止出售之日止，最短不得少于5个工作日。

（2）2011年3月26日14时为投标截止时间。

理由：依法必须进行招标的项目，自招标文件开始发出之日起至投标人提交投标文件截止之日止，最短不得少于20日。

（3）2011年4月1日10时组织开标。

理由：开标应当在招标文件确定的提交投标文件截止时间的同一时间公开进行。

（4）各投标单位在提交投标文件时，需按照估算总投资的5%提交投标保证金，计210万元。

理由：投标保证金一般不得超过投标总价的2%，即82万元。

（5）钢材需按建设单位指定，采购某钢铁公司的产品。

理由：进行材料采购时，不得指定专门的公司。

5. 增加附属道路工程是对已建成项目的扩建，由其他单位进行设计会影响项目功能配套性，所以不用再进行招标。

七、参考答案

1. 招标人只对通过资格预审的潜在投标人发出投标邀请书，未收到投标邀请书的潜在投标人无资格参加投标，因此，其投标文件为无效的投标文件。

2. 没有施工组织设计，不能满足招标文件的“初步评审标准”，不能通过形式评审与响应性评审，视为对招标文件未作出实质性响应，应认为其存在重大偏差，对该投标文件作废标处理。

3. 投标工期超过招标文件规定的时限，不能满足招标文件的“初步评审标准”，不能通过形式评审与响应性评审，视为没有对招标文件作出实质性响应，应认为其存在重大偏差，对该投标文件作废标处理。

4. 投标人应在招标文件规定的投标截止时间前递交投标文件，逾期送达的或者未送达指定地点的投标文件，招标人不予受理。题中该投标文件在开标后提交，虽开标未结束，但已超过投标书递交截止期，该投标文件将不予开标，应原封退回投标人。

5. 在按照招标文件的规定对投标价进行算术性错误修正及其他错误修正后，最终投标报价未超过投标控制价上限（如有）的情况下，出现投标报价的算术性错误和其他错误，属于细微偏差。没有填报报单价，或只填报单价而没有合价的，均属细微偏差，投标文件有效。对于细微偏差，评标委员会可予以修正。例如，没有填报单价的可视为已含入其他工程子目的单价中；只报了单价没有报合价，可以按投标人已报单价乘以该项目工程数量所得合价予以修正。

6. 投标文件中的大写金额与小写金额不一致的，属于细微偏差，投标文件有效。对于细微偏差，评标委员会可予以修正，即以大写金额为准。

7. 投标人没有派代表参加现场考察和出席开标活动，表明投标人已充分了解和掌握可能对投标有影响或起作用的风险、意外等的必要资料，已没有必要参加现场考察；投标人没有派代理人出席开标活动，应认为该投标人默认开标结果。以上两种情况并不影响投标人投标文件的有效性。

8. 投标截止时间之前，投标人书面通知可以撤回投标文件；但开标之后即投标截止日期以后，不得撤回。因开标后即已进入投标有效期，在投标有效期内，投标人不得要求撤销或修改其投标文件。若撤回投标文件的，按规定没收投标担保金。

9. 投标报价按招标文件的规定进行修改，投标文件仍有效。

10. 投标文件改动之处没有加盖投标单位章或投标人的法定代表人或其授权的代理人签字确认，这不符合招标文件的规定，该投标文件应认为存在重大偏差，对该投标文件作废标处理。

八、参考答案

1. 该项目招标过程中的不妥之处如下：

（1）“该项目招标公告中对本省和外省投标人的资质等级要求不同”不妥。因为这属于“招标人以不合理的条件限制或排斥潜在投标人”，违反了公平、公正原则。

（2）“要求购买领取招标文件的投标人在表格上登记并确认”不妥。因为按规定，招标人不得向他人透露已获取招标文件的潜在投标人的名称、数量等情况。

（3）“2011 年 4 月 18 日为投标截止时间”不妥。因为，按规定。自招标文件发出之日起至投标人递交投标文件截止之日止，最短时间不得少于 20 天。

（4）“2011 年 4 月 19 日公开开标”不妥。因为按规定，开标时间和投标截止时间为同一时间。

（5）“开标由交通主管部门主持”不妥。因为按规定，开标应由招标人主持。

（6）“开标过程中宣布评标委员会名单”不妥。因为按规定，评标委员会名单在中标结果确定之前应当保密。

（7）“评标委员会由招标人代表、交通主管部门代表、评标专家组成”不妥。因为按规定，评标委员会应由招标人代表和评标专家组成。

（8）“评标委员会由 8 人组成”不妥。因为按规定，评标委员会应由 5 人以上的单数组成。

（9）“评标专家 5 人”不妥。因为按规定，评标委员会成员中，有关评标专家不得少于成员总数的 2/3。

2. 不能以甲投标人没有参加现场考察或没有参加开标活动为由认定其投标文件无效。

3. 乙投标人可以撤回投标文件。因为按规定，在投标截止时间之前，投标人书面通知可以撤回投标文件。

丙投标人不能撤回投标文件。因为按规定，投标截止时间以后即开标以后不得撤回投标文件。

4. 对评标过程中出现的问题评标人作以下处理：

（1）“A 投标人投标文件中没有施工组织设计”，属于投标文件不完备，未对招标文件的要求作出实质性响应，应认定为重大偏差，对该投标文件作废标处理。

（2）“B 投标人的投标工期 28 个月”，超过了招标工期，应视为未对招标文件作出实质性响应，应认定为重大偏差，对该投标文件作废标处理。

（3）“C 投标人没有填报某一子目单价”，应视为该子目单价已包含在其他子目单价中，属于细微偏差，对此偏差评标委员会应进行算术修正，修正结果投标人须确认，否则就应视为重大偏差，按废标处理。

（4）“D 投标人没有递交投标保证金”，应认为没有对招标文件作出实质性响应，为重大偏差，对此投标文件应作废标处理。

九、参考答案

1. 起重吊装专项方案需经总承包单位技术负责人、总监理工程师签字后方可实施。

2. 不妥。

理由：承包单位起重吊装专项施工方案没有报审，现场没有专职安全生产管理人员，依据《建设工程安全生产管理条例》，总监理工程师应下达工程暂停令，并及时报告建设单位。

3. 不可以。

理由：按照规定，监理工程师发出的所有指令都应是书面的。在紧急情况下，总监理工程师可以签发临时暂停施工指令，但应在规定的时间内予以确认。

4. 本题考核关于施工合同的责任划分，特别是关于分包合同的责任划分。区分各方责任主要依据合同来区分，有合同关系才有责任可言。就事件 2 中发生的质量及安全事故，四方责任区分及理由如下。

（1）建设单位：建设单位没有责任。

理由：本次事故是由于分包单位违章作业造成的，与建设单位无关。

（2）监理单位。监理单位没有责任。

理由：本次事故是由于分包单位违章作业造成的，且监理单位已经要求暂停施工，可以说监理单位已按规定履行了职责。

（3）总承包单位：总承包单位应承担连带责任。

理由：根据施工合同条款中对于分包的有关规定，工程分包并不能解除承包人对分包工程所承担的合同义务与责任。此外，总承包单位有义务对分包单位的施工进行监督管理。本次事故也是由于总承包单位没有对分包单位实施有效的监督管理造成的，因此总承包单位应承担连带责任。

（4）分包单位：分包单位应承担主要责任。

理由：本次事故是由于分包单位违章作业直接造成的，因此其应承担主要责任。

5. 只有甲、乙施工单位参加了验收，出租单位未参加验收。

6. 不妥之处：专业监理工程师下达工程暂停令；向乙施工单位签发工程暂停令。

理由：工程暂停令应由总监理工程师向总承包单位 C 签发。

7. （1）不妥之处：安排技术员兼施工现场安全员。

正确做法：应配备专职安全生产管理人员。

（2）不妥之处：对该施工方案进行安全验算后即组织现场施工。

正确做法：按照有关规定，对于深基坑支护与降水专项施工方案，安全验算合格后应组织专家进行论证、审查，并经施工单位技术负责人签字，报总监理工程师签字后才能实施。

十、参考答案

1. 监理的工期目标应为 581 天。

因为施工合同文件与招标文件在内容上有矛盾时，应以合同文件为准。

2. 该 3 套施工图纸的复制费用应由施工单位。

因为合同条款规定，业主免费提供2套图纸，如施工单位还有需要，应自费复制。

3. 此项费用应由施工单位承担。

因为夜间施工是由于施工单位实际施工需要及施工安排所致，而且施工单位在投标报价时应充分考虑到结构工程可能需要晚上施工的情况。因此，应当认为施工单位的投标报价中已包含该项费用。

4. （1）工期索赔应予以批准。

因为造成停工不是施工单位的责任或原因，而且该工程又处在关键线路上。

（2）费用索赔不应批准。

因为造成施工单位的费用损失不是业主的责任或原因，而且施工单位在投标报价时应预见到结构工程施工时需要用电，应充分考虑到可能导致停电的情况，以及可能采取的措施，并在报价中考虑到这种情况。

十一、参考答案

1. 事件1中A、B、D、E四家单位的投标文件是否有效的判断及理由如下：

（1）A施工单位的投标文件有效。

理由：施工方案工艺落后这是技术的缺陷和报价方面的竞争力弱的表现，并没有不符合招标文件的要求，这属于投标文件中的细微偏差。

（2）B施工单位的投标文件无效。

理由：这不符合招标文件规定的形式评审标准，属于重大偏差，视为对招标文件未作出实质性响应，对投标文件作废标处理。

（3）D施工单位的投标文件有效。

理由：报价总额有误属于细微偏差，细微偏差修改后仍属于有效标书。

（4）E施工单位的投标文件有效。

理由：投标文件中报价有个别漏项属于细微偏差，细微偏差修改后仍属于有效标书。

2. 事件2中施工单位做法的不妥之处与正确做法如下：

（1）“施工项目经理兼任施工现场安全生产管理员”不妥。

正确做法：施工现场应配备专职的安全生产管理员。

（2）“在报审深基坑开挖工程专项施工方案的同时即开始该基坑开挖”不妥。

正确做法：深基坑开挖工程专项施工方案应经专家论证、审查，并经施工单位技术负责人和总监理工程师审查同意签字后开挖。

3. 监理工程师处理事件3的程序如下：

（1）监理工程师应立即向施工单位发出工程暂时停工指令，并要求其立即书面报告质量事故的发生时间、部位、原因及已采取的措施和进一步处理方案；

（2）监理工程师应对施工单位提交的质量事故处理方案进行审核后报建设单位批准；

（3）监理工程师指示施工单位按批准的处理方案对质量事故进行处理，并对处理过程进行监理；

（4）监理工程师对质量事故处理结果予以验收，处理合格、防范措施得当、隐患消除的可发出复工指令；

（5）监理工程师向建设单位及本监理单位提交有关质量事故的书面报告，并应将完整的质量事故处理记录整理归档。

4. 专业监理工程师处理事件4的程序如下：

（1）报告驻地监理工程师（或总监理工程师），并向施工单位下达监理指令（监理工作通知单），要求施工单位提交产品合格证明和产品合格证书（或产品出厂合格证）。

（2）监理工程师指令施工单位对该批材料进行抽样检验，并要求施工单位提交检验报告。

（3）如检验结果表明该批材料质量合格，则书面通知施工单位可以用于工程；如检验结果表明该批材料质量不合格，则书面通知施工单位将该批材料撤出现场。

十二、参考答案

1. 承包人的要求不合理。

2. 不能得到额外费用赔偿。

因为合同条款规定，承包人在投标时已对施工现场进行了勘察，承包人考察现场后已对所填报的每一单价作出了详尽分析，应该承担投标报价准确性的风险，因此不能得到额外费用赔偿。

3. 监理工程师接到承包人提交的索赔申请后，应做以下工作：

（1）实地勘察，了解证实有关受灾情况；

（2）查证承包人提出的索赔项目（数量）及证据；

（3）根据合同条款的规定，划分责任界限，判断索赔是否成立；

（4）认可合理索赔要求，拒绝无理索赔要求；

（5）分析核实索赔数额，确定合理的索赔数额；

（6）与业主和承包人协商，确定最终索赔额；

（7）将索赔结果报业主批准，并答复承包人；

（8）签发索赔批复表。

十三、参考答案

1. 事件1中，总监理工程师签署同意开工的意见妥当。

理由：在现场检查发现的情况表明，该工程已符合开工所需的条件。

2. 项目监理机构处理事件2的程序如下：

（1）指令施工单位提供材料质量证明文件、质量合格证明和产品合格证书，并对此进行审查；

（2）指令施工单位对材料进行抽样检验，并提交检验报告；

（3）指令施工单位报送使用该材料的施工工艺措施及专项施工方案，并对此进行审查；

（4）组织有关方面及专家对该材料的使用所涉及的有关事项进行专题论证，经审定后予以签认；

（5）指令施工单位对有关作业人员进行相应的安全生产教育培训。

3. 事件 3 中，项目监理机构还应从以下方面考核甲施工单位的试验室：

（1）法定计量部门对试验设备出具的计量检定证明；

（2）试验室的管理制度；

（3）试验人员的资格证书。

4. 事件 4 中，项目监理机构指令乙施工单位派专人进驻丙单位的做法不正确。

理由：设备监造人员原则上由设备采购单位派出，本案例中，建设单位与丙单位签订设备采购合同，应由项目监理机构派出监理人员进驻丙单位。

5. 事件 5 中建设单位要求的不妥之处及理由如下：

（1）“建设单位要求甲施工单位统一汇总甲、乙施工单位的工程档案”不妥。

理由：由于建设单位分别与甲、乙施工单位签订了土建工程施工合同和设备安装工程施工合同，工程档案就应由甲、乙施工单位分别整理汇总。

（2）“建设单位要求由项目监理机构组织工程档案验收”不妥。

理由：工程档案应由建设单位验收。

十四、参考答案

1. 定金与预付款的区别：

（1）目的不同

定金的目的是为了证明合同的成立和确保合同的履行；而预付款是为了解决承包人在工程准备和材料、设备准备的资金问题。

（2）性质不同

定金是合同担保形式，是法律行为；而预付款是一种惯例，是约定俗成的习惯，不是法律行为。

（3）处理方式不同

定金视合同履行情况的不同而有不同的法律后果，即所谓定金罚则；而预付款无论合同履行情况如何都应如数返还。

2. 监理人判定索赔成立的条件为：

①承包人受到了实际损失或损害；

②该损失或损害不是因承包人的过错造成的；

③该损失或损害也不是承包人应承担的风险造成的；

④承包人在合同规定的索赔时限内提出索赔意向通知和索赔通知书。

3. 第一次索赔成立。

因为工程停工，不是由于承包人的原因或责任，而是由于工程规划设计的原因造成的，这不是承包人的责任，应视为发包人的风险，而且承包人已按合同规定提交了索赔通知、有关证明材料及记录。

第二次索赔不成立。

因为造成工程停工是承包人的原因和责任，承包人自己应承担的由此造成的损失或损害。

十五、参考答案

1. 事件 1 中评标委员会人员组成的不正确之处及明理由如下：

（1）“招标代理机构提出评标委员会的组成”不妥。

理由：应由招标人依法组建评标委员会。

（2）评标委员会人员组成中包括“当地招标投标管理办公室主任”不妥。

理由：评标委员会由招标人代表和有关技术、经济方面的专家组成。

（3）“从评标专家库中随机抽取 4 位技术、经济专家”不妥。

理由：技术、经济方面专家没有达到评标委员会成员总数的 2/3，至少为 5 位技术、经济专家。

2. 事件 2 中建设单位要求的不妥之处及理由如下：

（1）“投标人应在购买招标文件时提交投标保证金”不妥。

理由：投标保证金应当在投标时提交。

（2）“中标人的投标保证金不予退还”不妥。

理由：中标人和未中标人的投标保证金都应退还。

（3）“履约保函的保证金额为合同总额的 20%”不妥。

理由：履约保函一般为合同金额的 5% ~10%。

3. （1）事件 3 中建设单位应承担的经济损失：

已建工程的损坏；现场堆放的价值 50 万元的工程材料的损毁；建设单位受伤人员医疗费用 3 万元；修复损坏工程支出 10 万元。

（2）事件 3 中施工单位应承担的经济损失：

部分施工机械设备损坏的修复费用 20 万元；施工单位受伤人员医疗费用 21 万元。

（3）项目监理机构应批准的费用补偿为 50 +3 +10 =63（万元）。

（4）项目监理机构应批准的工程延期为 1 个月。

4. 就施工合同主体关系而言，事件 4 中设备部件损坏的责任应由建设单位承担。

理由：施工合同主体是建设单位和施工单位，建设单位采购的材料设备经检查试验通过后，仍不能解除建设单位供应材料设备存在的质量缺陷责任。

十六、参考答案

1. 事件1中的不妥之处及正确做法如下：

（1）“乙施工单位将该专项施工方案送交项目监理机构”不妥。

正确做法：应由甲施工单位将该专项施工方案送交项目监理机构。

（2）“总监理工程师认为该专项施工方案已通过专家论证、审查，便签字同意实施”不妥。

正确做法：专项施工方案应经甲施工单位技术负责人、总监理工程师审查同意签字后实施。

2. 事件2中的不妥之处及正确做法如下：

（1）“建设单位要求乙施工单位报送”不妥。

正确做法：应由建设单位报送。

（2）“在废弃建筑物拆除前7日报送”不妥。

正确做法：应当在拆除工程施工15日前报送。

（3）“报送工程所在地交通（建设）行政主管部门”不妥。

正确做法：应当报送工程所在地县级以上人民政府交通（建设）行政主管部门。

3. 事件3中，建设单位可以解除施工合同。

理由：由于主观和客观情况的变化，有时会出现原合同的全部履行或部分履行成为不必要或不可能的情况，可以解除合同。但是，建设单位不能单方面解除，应与甲施工单位协商解除。

如果甲施工单位不同意解除施工合同而继续子项目D、E的施工，项目监理机构应就甲施工单位按施工合同规定应得到的款项与建设单位、甲施工单位进行协商，并按合同规定确定甲施工单位应得到的全部款项，并书面通知建设单位和甲施工单位。

4. 事件3中，若解除施工合同，甲施工单位应得到的费用补偿包括：

（1）合同解除日以前所完成工作的价款；

（2）按批准的采购计划订购工程材料、工程设备和其他物品的款项；

（3）为完成工程所发生的，而建设单位未支付的款项；

（4）施工单位撤离施工场地的合理费用；

（5）施工单位所有人员的合理遣散费用；

（6）由于解除合同应赔偿的施工单位损失补偿费用；

（7）按合同规定在合同解除日前应支付施工单位的其他金额。

考点3　规范与范本

一、参考答案

1. 公路工程进行交工验收应具备以下条件：

（1）合同约定的各项内容已完成；

（2）施工单位按交通部制定的《公路工程质量检验评定标准》及相关规定的要求对工程质量自检合格；

（3）监理工程师对工程质量的评定合格；

（4）质量监督机构按交通部规定的公路工程质量鉴定办法对工程质量进行检测（必要时可委托有相应资质的检测机构承担检测任务），并出具检测意见；

（5）竣工文件已按交通部规定的内容编制完成；

（6）施工单位、监理单位已完成本合同段的工作总结。

2. 公路通车试运营应满足以下条件：

（1）公路工程各合同段交工验收合格；

（2）质量监督机构向交通主管部门提交了项目的检测报告；

（3）项目法人完成项目交工验收报告，并已向交通主管部门备案；

（4）交通主管部门在15天内未对项目交工验收报告提出异议。

3. 参加交工验收的单位及其主要职责是：

（1）项目法人：负责组织各合同段参建单位完成交工验收工作的各项内容，总结合同执行过程中的经验，对工程质量是否合格作出结论；

（2）设计单位：负责检查已完成的工程是否与设计相符，是否满足设计要求；

（3）监理单位：负责完成监理资料的汇总、整理，协助项目法人检查施工单位的合同执行情况，核对工程数量，科学公正地对工程质量进行评定；

（4）施工单位：负责提交竣工资料，完成交工验收准备工作。

4. 公路工程质量评分包括：（1）分项工程质量评分；（2）分部工程和单位工程质量评分；（3）合同段和建设项目工程质量评分。

5. 在公路工程质量评定标准中“Δ”表示：在实测项目中，涉及结构安全和使用功能的重要实测项目，也就是所谓的关键项目。

《公路工程质量检验评定标准》附录A，在对一般建设项目的工程划分中，“*”表示主要工程，评分时给以2的权值。

6. 公路工程质量等级评定应按分项工程、分部工程、单位工程、合同段、建设项目逐级进行评定：

（1）分项工程质量等级评定

分项工程评分值不小于75分者为合格，小于75分者为不合格；机电工程、属于工厂加工制造的桥梁金属构件不小于90分者为合格，小于90分者为不合格。

评定为不合格的分项工程，经加固、补强或返工、调测，满足设计要求后，可以重新评定其质量等级，但计算分部工程评分值时按其复评分值的90%计算。

（2）分部工程质量等级评定

所属各分项工程全部合格，则该分部工程评为合格；所属任一分项工程不合格，则该分部工程为不合格。

（3）单位工程质量等级评定

所属各分部工程全部合格，则该单位工程评为合格；所属任一分部工程不合格，则该单位工程为不合格。

（4）合同段和建设项目质量等级评定

合同段和建设项目所含单位工程全部合格，其工程质量等级为合格；所属任一单位工程不合格，则合同段和建设项目为不合格。

二、参考答案

1. 工程开工前，监理工程师应审查施工单位编制的施工组织设计中的安全技术措施或专项施工方案是否符合强制性标准，审查合格后方可同意工程开工，应重点审查的内容如下：

（1）安全管理和安全保证体系的组织机构，包括项目经理、专职安全管理人员、特种作业人员配备的数量及安全资格培训持证上岗情况。

（2）是否制订了施工安全生产责任制、安全管理规章制度、安全操作规程。

（3）施工单位的安全防护用具、机械设备、施工机具是否符合国家有关安全规定。

（4）是否制订了施工现场临时用电方案的安全技术措施和电气防火措施。

（5）施工场地布置是否符合有关安全要求。

（6）生产安全事故应急救援预案的制订情况，针对重点部位和重点环节制订的工程项目危险源监控措施和应急预案。

（7）施工人员安全教育计划、安全交底安排。

（8）安全技术措施费用的使用计划。

2. 监理工程师在巡视、旁站中，应随时检查施工单位制订的环境保护措施的落实情况，检查的主要内容如下：

（1）是否落实了施工环境保护责任人。

（2）是否对施工人员进行了环保教育。

（3）施工场地的布设是否符合相关环保要求。

（4）职业危害的防护措施是否健全。

（5）施工现场（含临时便道、拌和站、预制场等）和料场等是否洒水防尘。

（6）是否按有关要求采取降噪措施。

（7）材料堆场设置环境的合理性及采取措施减少运输漏洒情况。

（8）施工废水、渣土、生活污水、垃圾的处置是否合理。

（9）是否按照批准在拟定的取弃土场取弃土，取土结束后是否采取了有效的排水防护和植被恢复措施。

三、参考答案

1. 事件1中的不妥之处及正确做法如下：

（1）“甲施工单位将其编制的施工组织设计报送建设单位”不妥。

正确做法：甲施工单位将其编制的施工组织设计报送监理单位。

（2）“施工组织设计经监理单位技术负责人审核签字”不妥。

正确做法：施工组织设计应经总监理工程师审核批准。

（3）“施工组织设计经审核签字后，通过专业监理工程师转交给甲施工单位”不妥。

正确做法：施工组织设计经审核签字后，由项目监理机构报送建设单位。

2. 事件2中专业监理工程师做法的不妥之处：专业监理工程师接收并审核批准了深基坑支护专项施工方案。

正确做法：根据《建设工程安全生产管理条例》规定，事件2中深基坑支护专项施工方案须经总承包单位（或甲施工单位）技术负责人、总监理工程师审核签字后实施。

3. （1）在建工程损失26万元的经济损失应补偿给甲施工单位，因不可抗力造成工程本身的损失，由建设单位承担。

（2）施工单位受伤人员医药费用、补偿金4.5万元的经济损失不应补偿给甲施工单位，因不可抗力造成承发包双方人员的伤亡损失，分别由各自负责。

（3）施工机具损坏损失12万元的经济损失不应补偿给甲施工单位，因不可抗力造成承包人施工机械设备损坏及停工损失，由承包人承担。

（4）施工机械闲置、施工人员窝工损失5.6万元的经济损失不应补偿给甲施工单位，因不可抗力造成承包人施工机械设备损坏及停工损失，由承包人承担。

（5）工程清理、修复费用3.5万元的经济损失应补偿给甲施工单位，因不可抗力增加的工程所需清理、修复费用，由建设单位承担。

项目监理机构应批准的补偿金额为26+3.5=29.5（万元）。

4. 事件4中的不妥之处及正确做法如下：

（1）“甲施工单位组织工程交工预验收”不妥。

正确做法：应由监理机构（或总监理工程师）组织工程交工预验收。

（2）“甲施工单位向项目监理机构提交了工程交工报验单”不妥。

正确做法：监理机构（或总监理工程师）组织工程交工预验收，对存在的问题，应及时要求甲施工单位整改，整改完毕由总监理工程师签署工程交工报验单。

(3)“项目监理机构组织工程交工验收”不妥。

正确做法：应由建设单位组织工程交工验收。

四、参考答案

1. 事件 1 中总监理工程师和建设单位做法的不妥之处及变更的正确处理程序如下：

(1) 总监理工程师做法的不妥之处：总监理工程师指令甲施工单位暂停施工后，立即与设计单位联系。

(2) 建设单位做法的不妥之处：建设单位要求总监理工程师修改施工图并签署变更文件，指示甲施工单位实施变更。

(3) 该设计变更的正确处理程序：

①甲施工单位向监理机构提出书面工程变更建议；

②监理工程师收到甲施工单位书面建议后，应与建设单位共同研究，确认存在变更的，应由建设单位转交原设计单位编制设计变更文件；

③监理机构向甲施工单位发出变更指令。

2. (1) 向甲施工单位发出整改通知正确。

理由：甲施工单位属于总承包单位，它和建设单位存在合同关系，监理工程师的所有指令均应发给总承包单位。

(2) 向乙施工单位发出整改通知不正确。

理由：乙施工单位和建设单位之间没有合同关系。

(3) 应采取的措施：

①监理工程师应下达工程暂停令，要求甲施工单位停工整改。

②整改完毕后经监理工程师复查，符合规定要求后，应及时签署工程复工通知。

3. 总监理工程师的做法正确。

理由：根据合同条款规定，甲施工单位应在监理工程师发出的工程变更指令后 14 天内，向监理工程师提交变更报价书，经监理工程师确认后，商定或确定变更价格，并相应调整合同价款。如果甲施工单位在收到变更指示后的 14 天内，未向监理工程师提交变更报价书，视为该项变更不涉及合同价款的调整。

4. 向建设单位移交的资料包括：(1)、(3)、(4)、(5)。不需要向建设单位移交的资料是：(2)。

由监理单位保存的资料包括：(1)、(2)、(4)、(5)。不需要监理单位保存的资料是：(3)。

五、参考答案

1. 事件 1 中，大型支架拆除工程专项施工方案编制和报审过程中的不妥之处及正确做法如下：

（1）“凭以往经验进行安全估算”不妥。

正确做法：应进行安全验算。

（2）“质量检查员兼任施工现场安全员”不妥。

正确做法：应配备专职安全生产管理人员。

（3）“遂即将方案报送总监理工程师签认”不妥。

正确做法：专项施工方案应先经甲施工单位技术负责人签认。

2.（1）事件2中，专业监理工程师的做法妥当。

（2）“监理工程师通知单”中对甲施工单位的要求主要包括以下内容：

①重新建立施工测量控制网。

②改进保护措施。

3. 事件3中专业监理工程师做法是否妥当的判断及不妥之处的理由与正确做法如下：

（1）发出“监理工程师通知单”妥当。

（2）签发“工程暂停令”不妥当。

理由：专业监理工程师无权签发“工程暂停令”。

正确做法：专业监理工程师应向总（或驻地）监理工程师报告，总（或驻地）监理工程师向乙施工单位发出“工程暂停令”。

4. 项目监理机构应重新进行复查验收，符合规定要求后，总（或驻地）监理工程师应及时签发“工程复工指令”；重新进行复查验收，不符合规定要求的，责令乙施工单位继续整改。

5. 对于事件4，施工单位和监理单位不承担责任。

理由：取样送检是在监理单位的监督下，送有资质的检测单位进行检测，检测单位已证明钢筋力学性能合格。在使用时检测有质量问题应由建设单位承担责任。

6. 事件5中乙施工单位向项目监理机构提出工期延长申请是正确的。

理由：（1）乙施工单位与建设单位有合同关系。（2）甲施工单位与建设单位有合同关系，建设单位应承担连带责任。

六、参考答案

1. 事件1中，施工单位应得到的费用补偿为 $10+2\times(1+8\%)\times(1+3.41\%)+60\times50+3\times1\,000=14.00$（万元）。

理由：施工单位在施工过程中遇到地下障碍物或文物，招标文件和图纸均为说明时，施工单位可提出索赔，建设单位给予工期延长和成本补偿。

2. 事件2中，项目监理机构应批准施工单位的赶工费用补偿。

理由：由于遇到地下障碍物，使实际进度滞后于计划进度，建设单位为了不耽误工期，要求施工单位加速施工，产生的赶工费可以得到补偿。

3. 事件 3 中，项目监理机构不应同意增加 2 万元工程费用的要求。

理由：属于施工单位采取的具体施工措施用于确保工程质量，属于施工单位的责任。

4. 该工程质量保证金总额为 $200 \times 3\% = 6$（万元）

第 1 个月扣留质量保证金为 $40 \times 10\% = 4$（万元）

第 2 个月扣留质量保证金为 $6 - 4 = 2$（万元）

该工程开工预付款为 $200 \times 15\% = 30$（万元）

监理工程师第 1 个月应签发的实际付款金额为 $40 - 4 = 36$（万元）

监理工程师第 2 个月应签发的实际付款金额为 $50 - 2 = 48$（万元）

监理工程师第 3 个月应签发的实际付款金额为 40 万元

监理工程师第 4 个月应签发的实际付款金额为 $35 - 30/3 = 25$（万元）

监理工程师第 5 个月应签发的实际付款金额为 $30 - 30/3 = 20$（万元）

监理工程师第 6 个月应签发的实际付款金额为 $25 - 30/3 = 15$（万元）

七、参考答案

1. 承包人提出索赔的依据是施工合同。

2. 如果不考虑索赔程序，承包人有理由就上述三项事件提出索赔要求。

理由如下：开工延误和重新装修引起的工期延误是因业主的原因或业主的要求造成的，而并非承包人的原因或责任。因地基承载力不足而改为钻孔灌注桩延误是因业主要求的工程变更引起的，业主对此应承担责任。

3. 合同条款规定，承包人应在知道或应当知道索赔事件发生后 28 天内，向监理人递交索赔意向通知书，并说明发生索赔事件的事由。承包人未在前述 28 天内发出索赔意向通知书的，丧失要求追加付款和（或）延长工期的权利。

比照合同条款的规定，在上述三项索赔要求中，监理工程师应受理业主提出桥梁外部重新装修造成工期延误这一项索赔要求。因为承包人在合同规定的时间内提交了索赔意向通知书和索赔通知书及相关记录和证明材料，符合合同条款规定的索赔提出的程序。

监理工程师不受理开工延误和基础变更这两项索赔要求。因为这两项索赔的索赔意向通知书的提交均已超过合同条款规定的时限，承包人丧失了索赔的权利。

4. 工期可延至 10 月 25 日。

监理工程师只受理桥梁外部重新装修的索赔要求，对于开工延误和基础变更这两项索赔要求应予以拒绝。同时对明挖基础改为钻孔桩基础和重新装修桥梁外部，按工程变更处理。

八、参考答案

1. 事件 1：施工单位针对事件 1 所提出的费用索赔和工期索赔均不成立。因为业主提供的《参考资料》不构成合同文件，对于业主提供的《参考资料》施工单位应对他自己就该资料的解释、推论和使用负责，这是承包人应承担的风险。

事件2：施工单位针对事件2所提出的费用索赔和工期索赔均不成立。因为扩大基坑底面尺寸并非是监理工程师下达变更指令所致，该工作属于承包人采取的质量保证措施。

事件3：施工单位针对事件3所提出的费用索赔成立，因为这是由于业主提供的施工图纸有误。工期索赔不成立，因该延误未发生在关键线路上，对总工期并无影响。

事件4：施工单位针对事件4所提出的费用索赔不成立，工期索赔成立。因为该事件是由于异常恶劣的气候条件造成的，承包人不应得到费用补偿。

2. 所发生的维修费用应由施工单位承担，业主可从质量保证金中扣除。

九、参考答案

1. 总监理工程师不应直接致函设计单位。因为监理单位与设计单位无委托关系，而且监理工程师无权进行设计变更。

正确处理：发现问题应向建设单位报告或提出设计变更的建议，由建设单位向设计单位提出变更要求。

2. 甲施工单位回函所称，不妥。因为甲施工单位经批准进行的分包并不解除他应承担的合同责任和业务，因分包单位的任何违约行为导致工程损害或给建设单位造成的损失，总承包单位承担连带责任。

总监理工程师签发的整改通知，不妥。因为整改通知应签发给甲施工单位，因乙施工单位与建设单位没有合同关系。

3. 专业监理工程师无权下达工程停工令。因为签发下达工程停工令是总监理工程师的权力。

该停工令下达的程序有不妥之处。理由是，专业监理工程师应报告总监理工程师，由总监理工程师签发工程停工令。

4. 甲施工单位的说法不正确。因为乙施工单位与建设单位没有合同关系，乙施工单位的损失应由甲施工单位承担。

5. 建设单位的说法不正确。因为监理工程师是在合同授权内履行职责，监理工程师的行为并无不当之处，因此，施工单位所受的损失不应由监理单位承担。

十、参考答案

1.《中华人民共和国招标投标法》中规定的招标方式有公开招标和邀请招标两种。

2. 违反有关规定。因为根据《中华人民共和国招标投标法》的规定，该工程是由政府全部投资兴建的省级重点项目，所以应采取公开招标。

3. 本案例中的要约邀请是招标人的招标公告，要约是投标人提交的投标文件，承诺是招标人发出的中标通知书。

4. 资格预审文件分为资格预审须知和资格预审表两大部分。

资格预审须知内容包括招标工程概况和工作范围介绍，对投标人的基本要求和招标投标人填写资格预审文件的有关说明。

资格预审表列出对潜在投标人的资质条件、实施能力、技术水平、商业信誉等方面需要了解的内容，以应答形式给出调查文件。

5. 该项目在招标投标过程中的不妥之处如下。

（1）决定对该项目进行施工招标。

理由：本项目初步设计文件尚未获得主管部门批准，不具备施工招标的条件，因而不能进行施工招标。

（2）招标人对投标单位就招标文件提出的所有问题做出了书面答复后组织各投标单位进行了现场踏勘。

理由：现场踏勘应安排在书面答复投标单位提问之前，因为投标单位对施工现场条件也可能提出问题。

（3）由招标人检验投标文件的密封情况。

理由：开标时，由投标人或其推选的代表检验投标文件的密封情况，这样体现了公平、公正、公开的原则。

（4）评标委员会委员由招标人直接确定。

理由：评标委员会委员不应全部由招标人直接确定。按规定，评标委员会委员的技术经济专家，一般招标项目应采取（从专家库中）随机抽取的方式，特殊招标项目可以由招标人直接确定。本题没有特殊指明该项目是特殊项目。

（5）双方于10月13日签订了书面合同。

理由：订立书面合同的时间过迟。按《中华人民共和国招标投标法》的规定，招标人和中标人应当自中标通知书发出之日（不是中标人收到中标通知书之日）起30日内订立书面合同，而本案例已超过30日。

十一、参考答案

1. 属于施工阶段质量控制工作的有：(4)、(5)、(8)。

属于施工阶段费用控制工作的有：(2)、(7)、(9)、(10)。

第（1）项工作属于设计阶段费用控制工作。

第（3）项工作属于施工阶段进度控制工作。

第（6）项工作属于施工招标阶段的工作。

第（11）项工作属于工程交工阶段的工作。

2. 事件2中，建设单位做法不妥之处及正确做法如下：

(1)“第一次工地会议应由建设单位主持召开”不妥。

正确做法：第一次工地会议应由总监理工程师主持召开。

(2)“总监理工程师负责编制各专业监理细则”不妥。

正确做法：监理细则由驻地监理工程师主持编制。

（3）“总监理工程师负责工程计量”不妥。

正确做法：由驻地监理工程师负责工程计量工作。

3. 根据《建设工程安全生产管理条例》，项目监理机构应审查施工单位报送资料中的以下内容：

（1）审查施工单位编制的施工组织设计中的安全技术措施和专项施工方案是否符合工程建设强制性标准要求。

（2）审查施工单位资质和安全生产许可证是否合法有效。

（3）审查项目经理和专职安全生产管理人员是否具备合法资格，是否与投标文件一致。

（4）审核特种作业人员的特种作业操作资格证是否合法有效。

（5）审核施工单位应急救援预案和安全防护措施费用使用计划。

4. “监理通知单”应对施工单位提出下列要求：

（1）指令施工单位停止使用该起重机械。

（2）必须由具有相应资质的单位承担安装工作，并出具自检合格证明，同时向施工单位进行安全使用说明，办理验收手续并签字。

（3）应由检验检测机构对检验合格的起重机械出具安全合格证明文件。

考点4　工程项目管理

一、参考答案

1. 施工单位发现施工图纸有错误直接要求设计单位进行变更，该行为不妥当。

正确处理：施工单位在发现施工图纸有错误后，应及时通知监理机构。

2. 设计单位不能按照施工单位要求进行变更。因为设计单位和施工单位之间没有合同关系。

3. 对于施工图纸中的错误，监理机构应立即书面报告建设单位。

4. 施工单位收到监理机构提供的施工图纸后，如果认为存在导致变更情形的，可向监理机构提出书面变更建议。

5. 监理机构在收到施工单位的变更建议时后，应与建设单位共同研究，确认存在变更的，应在收到施工单位书面建议后的14天内作出变更指示。经研究后不同意作为变更的，应由监理机构书面答复施工单位。

二、参考答案

1. 该建设项目初始施工进度计划的关键工作是：A、B、G、I、J。

计划工期＝（3＋3＋3＋5＋3）个月＝17个月。

2. 计算线路的总时差＝计划工期－通过该线路的持续时间之和的最大值

工作C的总时差＝［17－（3＋2＋3＋5＋3）］个月＝1个月。

工作E的总时差＝［17－（3＋3＋6＋3）］个月＝2个月。

3. 增加工作D后的施工进度计划如下图所示。

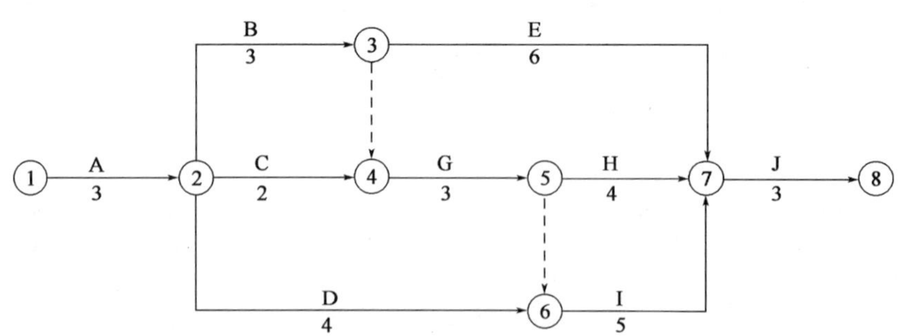

增加工作D后的施工进度计划

此时的总工期＝（3＋3＋3＋5＋3）个月＝17个月。

4. 工作G、D拖延对总工期的影响。

（1）工作G的拖延使总工期延长2个月。

理由：工作G位于关键线路上，它的拖延将延长总工期。

（2）工作D的拖延对总工期没有影响。

理由：工作D没在关键线路上，且总时差为2个月，对总工期没有影响。

5. 承包商施工进度计划调整的最优方案：各压缩I工作和J工作的持续时间1个月。

理由：调整的方案包括三种，第一种方案是压缩J工作的持续时间2个月，其增加的费用为3万元/月×2个月=6万元；第二种方案是各压缩I工作和J工作的持续时间1个月，其增加的费用为2.5万元/月×1个月+3万元/月×1个月=5.5万元；第三种方案是压缩I工作的持续时间2个月，同时压缩H工作的持续时间1个月，其增加的费用为2.5万元/月×2个月+2万元/月×1个月=7万元。由于第二种方案增加的费用最低，因此，施工进度计划调整的最优方案是各压缩I工作和J工作的持续时间1个月。

三、参考答案

1. 根据有关规定，该工程还应具备以下开工条件，总监理工程师方可批准“工程开工报审表”：

（1）施工组织设计已获总监理工程师批准；（2）施工机具、施工人员已进场，主要工程材料已落实；（3）进场道路及水、电、通信等已满足开工要求。

2. 总监理工程师的做法不妥。

理由：总监理工程师应在施工合同约定的开工日期7天前向施工单位发出开工通知。

3. 该施工进度计划的工期为75天，关键工作为A、D、E、H、K。

C工作自由时差=9+15+24-9-12=27（天），总时差=75-9-12-9-8=37（天）。

D工作为关键工作，因此自由时差为0，总时差为0。

F工作的自由时差为0，总时差=75-9-9-9-15-12=21（天）。

4. A工作已完成，对总工期及紧后工作无影响。

B工作已完成，对总工期及紧后工作无影响。

C工作已完成6天的工作量，拖延了5天，拖延的时间既没有超过总时差，也没有超过自由时差，对总工期及紧后工作无影响。

D工作已完成5天的工作量，拖延了6天，D为关键工作，预计会使总工期延长6天，也会影响紧后工作。

5. 项目监理机构的处理程序为：

（1）对F工作下达“工程暂停令”；（2）对B工作进行验收；（3）B工作验收合格后，指示施工单位进行F工作。

四、参考答案

1. 总监理工程师批准施工单位提交的断桩处理方案，在工作程序方面存在不妥之处。其理由是：总监理工程师在批准处理方案时，没有取得业主的同意。

2. 监理工程师处理质量问题的程序要点是：

（1）应立即向施工单位发出暂停施工的指令；

（2）要求施工单位立即书面报告质量问题的发生时间、部位、原因及已采取的措施和进一步处理方案；

（3）对施工单位报送的质量问题处理方案进行审核后报建设单位批准；

（4）指示施工单位按照对已批准的处理方案对质量问题进行处理，并对处理方案的实施进行监理；

（5）对质量问题的处理结果进行检查验收，处理合格、隐患消除的可发出复工指令；

（6）向业主提交有关质量问题的处理报告；

（7）将完整的质量问题处理记录整理归档。

3. 总监理工程师对施工单位提出的索赔要求应不予受理。

其理由是：断桩是由于施工单位本身施工不当造成的。至于地质不良和溶洞的原因，地质资料已充分显示，施工单位应充分估计到这一点，在施工中应采取有效措施，保证桩的质量。

五、参考答案

1. 该监理机构在编写“监理计划”过程中的不妥之处如下：

（1）监理计划由监理公司技术负责人主持编写不妥。

理由：项目监理计划应由总监理工程师主持编写，专业监理工程师参加编写。

（2）监理公司总经理审核监理计划不妥。

理由：项目监理计划应由监理公司技术负责人审核。

（3）根据已有的监理计划范本，修改监理方案编制项目监理计划不妥。

理由：项目监理计划应具有针对性（或应根据该工程特点、规模、合同等编制）。

2. 该项目“监理计划”的内容不完整。还缺少“监理工作范围、监理工作目标、监理工作程序、监理工作制度”等内容。

3. 监理工作6项内容中，不正确的有（1）、（3）、（4）、（5）、（6）。不正确的内容改正如下：

（1）应改为：审批承包人报送的施工进度计划。

（3）应改为：审批承包人报送的施工组织设计。

（4）应改为：依据施工合同条款、施工图等，对工程造价目标进行风险分析。

（5）应改为：按合同工程计量规定进行工程计量。

（6）应改为：参加工程交工验收。

六、参考答案

1. 关键线路：①→③→⑥→⑦→⑧（或关键工作为 B、F、J）。

计算工期：98 天。

2. 计算综合费用：

原始方案估计费用：（18 +40 +25 +15 +40 +120 +16 +37 +10 +64 +16）万元 =401 万元；

延期罚款：5 万元/天 ×（98 −93）天 =25 万元（规定工期 93 天，计算工期 98 天，延期 5 天）；

综合费用为：（401 +25）万元 =426 万元。

3. 第一次调整优化：在关键线路上取压缩单位时间增加费用最低的 F 工作为对象压缩 2 天。

增加费用：2 天 ×2 万元/天 =4 万元。

第二次调整优化：工作 A、C、H、J 与 B、F、J 同时成为关键工作，选择 H 工作和 F 工作为调整对象，各压缩 2 天。

增加费用：2 天 ×（1.5 +2）万元/天 =7 万元。

第三次调整优化：工作 A、C、H、J 与 B、F、J 仍为关键工作，选择 A 工作和 F 工作为调整对象，各压缩 1 天。

增加费用：1 天 ×（2 +2）万元/天 =4 万元。

优化后的关键线路为：

①→②→④→⑦→⑧（或关键工作为 A、C、H、J）和①→③→⑥→⑦→⑧（或关键工作为 B、F、J）。

工期：（98 −2 −2 −1）天 =93 天。

最低综合费用 =（401 +4 +7 +4）万元 =416 万元。

七、参考答案

1. 估算合同总价为：5 300m^3 ×180 元/m^3 =95.4（万元）。

2. 预付款为：95.4 ×20% =19.08（万元）；

第 1 个月和第 2 个月累计工程款为：1 800m^3 ×180 元/m^3 =32.4（万元）；

估算合同价的 30% 为：95.4 ×30% =28.62（万元）；

因为：32.4（万元）>28.62（万元），

所以，应从第 3 个月起开始扣回预付款，即在第 3、第 4、第 5 个月三个月均匀扣回，

每个月应扣回预付款为：19.08/3 =6.36（万元）。

3.（1）第 1 个月工程量价款为：800m^3 ×180 元/m^3 =14.40（万元）；

本月应扣保留金为：14.40 ×5% =0.72（万元）；

本月签证的工程款为：14.40 −0.72 =13.68（万元）（14.40 −14.40 ×5% =13.68）。

因13.68（万元）<15（万元），因此，本月不予付款，即不予签发付款证书。

（2）第2个月工程量价款为：1 000m^3 ×180元/m^3 =18（万元）；

本月应扣保留金为：18 ×5% =0.9（万元）；

本月签证的工程款为：18 -0.9 =17.10（万元）（18 -18 ×5% =17.10）；

本月应签发的付款凭证金额为：17.10 +13.68 =30.78（万元）。

（3）第3个月工程量款为：1 200m^3 ×180元/m^3 =21.60（万元）；

本月应扣保留金为：21.60 ×5% =1.08（万元）；

本月应扣回预付款为：6.36万元；

本月签证的工程款为：21.60 -1.08 -6.36 =14.16（万元）；

因14.16（万元）<15（万元），

因此，本月不予支付，即不予签发支付证书。

（4）第4个月工程量款为：1 200m^3 ×180元/m^3 =21.60（万元）；

本月应扣保留金为：21.60 ×5% =1.08（万元）；

本月应扣回预付款为：6.36万元；

本月签证工程款为：21.60 -1.08 -6.36 =14.16（万元）；

本月应签发的付款凭证金额为：14.16 +14.16 =28.32（万元）。

（5）第5个月累计完成工程量5 400m^3，超过合同估算工程量（5 300m^3）100m^3，但未超过估算工程量10%，仍按原单价计算工程价款。

本月工程量价款为：1 200m^3 ×180元/m^3 =21.60（万元）；

本月应扣保留金为：21.60 ×5% =1.08（万元）；

本月应扣回预付款为：6.36万元；

本月签证工程款为：21.60 -1.08 -6.36 =14.16（万元）；

因14.16（万元）<15（万元），

因此，本月不予支付，即不予签发支付证书。

（6）第6个月累计完成工程量5 900m^3，超过合同估算工程量（5 300m^3）600m^3，已超过估算工程量10%，对超过部分应调整单价。

应调整单价的工程量为：5 900 -5 300（1 +10%）=70（m^3）；

本月完成的工程量价款为：70 ×180 ×0.9 +（500 -70）×180 =8.874（万元）；

本月应扣保留金为：8.874 ×5% =0.443 7（万元）；

本月应签证的工程款为：8.874 -0.443 7 =8.43（万元）；

本月应签发的付款凭证金额为：14.16 +8.43 =22.59（万元）。

八、参考答案

1. 上述招标投标过程中的不妥之处有：

（1）开标会由交通局主持召开不妥。

因为根据相关法律规定，开标应由招标人（建设单位）主持。

（2）2008 年 6 月 3 日开标不妥。

因为根据相关法律规定，开标时间与提交投标文件的截止时间相同，即应在 2008 年 5 月 30 日开标。

2. 第 1 家施工单位提交投标保证金的时间不符合规定。

由于提交投标保证金的时间比规定时间迟了 3 天，该投标文件将被拒收，作废标处理。因为根据相关法律规定，投标人不按招标文件要求提交投标保证金的，该投标文件将被拒绝，作废将处理。

3. 第 5 家施工单位在开标前撤回投标文件，招标方应没收投标保证金。因为投标保证金是对投标的担保，不按规定提交投标文件或在开标前撤回投标文件的，招标人依法没收投标保证金，不予退还。

4. （1）事件 1：可以向建设单位提出工程延期和费用索赔的要求。因为这属于建设单位没有按合同约定及时履行义务，属违约行为，且 A 工作为关键工作。

（2）事件 2：不能向建设单位提出工程延期和费用索赔。因为这属于施工单位自己应承担的风险责任造成的，与建设单位无关。

（3）事件 3：可以向建设单位提出费用索赔，但不能提出工程延期。因为这属于建设单位应承担的事项，但 E 工作为非关键工作且有足够的时动时间，所以可以提出费用索赔，但不能提出工程延期。

（4）事件 4：H 工作延误的时间和造成的经济损失可以提出工程延期和费用索赔；F 工作延误的时间不能提出工程延期，造成的经济损失可以提出费用索赔。因为这属于建设单位没有按合同约定提供合格材料，属违约行为，但 H 为关键工作，F 为非关键工作。

5. 施工单位可得到的合理费用索赔有事件 1、事件 3、事件 4。

（1）事件 1：窝工费：$6 \times 15 = 90$（元）

（2）事件 3：增加用工人工费：$14 \times 25 = 350$（元）

其他费用 9 000（元）

（3）事件 4：增加用工人工费：$8 \times 25 = 200$（元）

窝工费：$20 \times 15 = 300$（元）

因此，索赔费用合计为：

$$90 + 350 + 9\,000 + 200 + 300 = 9\,940 \text{（元）}$$

九、参考答案

1. （1）监理工程师应在合同规定的时间内批复修改后的施工方案，并要求承包人按合同进度计划，向监理方提交工程开工报审表。监理方应检查施工单位的各项施工准备情况，据此判断是否已具备开工条件。

（2）若已具备开工条件，在报业主批准后，总监理工程师发布开工通知书。

2.（1）监理工程师应发出书面指示，要求施工单位按修改后的施工方案组织施工，避免出现质量和安全问题。

（2）必要时可向业主报告，或召开专题工地会议，要求施工单位整改。

3.（1）报经业主同意，总监理工程师发出暂停施工的指示，要求施工单位停工整改。

（2）监督检查施工单位的整改情况。

（3）整改完成后，由施工单位提交复工申请，经监理工程师现场核查确认后，由总监理工程师签发复工通知。

（4）对拒不整改者，监理工程师可向业主提出报告，指令施工单位调换有关人员；必要时，监理工程师也可向有关主管部门报告。

十、参考答案

1. 实际进度前锋线如下图所示。

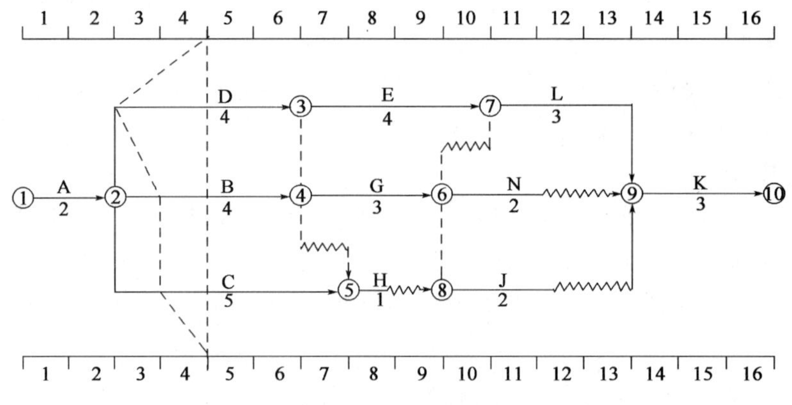

实际进度图（前锋线）

B 工作拖后 1 周，不影响总工期，因 B 工作总时差为 1 周。

C 工作拖后 1 周，不影响总工期，因 C 工作总时差为 3 周。

D 工作拖后 2 周，影响工期 2 周，因 D 工作总时差为零（或 D 工作为关键工作）。

2. 批准工程延期 2 周。理由：施工中发现地下文物造成 D 工作拖延，不属于施工单位责任，且该工作处于关键线路上，影响总工期 2 周，故应批准延期。

3.（1）事件 2 不能索赔费用，因异常恶劣的气候造成施工单位施工机械损坏和施工人员窝工的损失不能索赔。

事件 4 可以索赔费用，因施工中发现地下文物属非施工单位原因。

（2）可获得的索赔费用：4 × 100 + 1 200 = 1 600（元）。

4. 不予结算，因施工单位对 C 工作的费用没有报价，故认为该项费用已分摊到其他相应项目中。

5. 施工单位可以得到的结算款：

A 工作：$840 \times 300 = 252\,000$（元）

B 工作：$1\,200 \times 25\% \times 320 = 96\,000$（元）

D 工作：$4 \times 100 + 1\,200 = 1\,600$（元）

合计：$252\,000 + 96\,000 + 1\,600 = 349\,600$（元）

十一、参考答案

1. 安装单位的损失应由业主负责。

因安装单位和业主之间有合同关系，业主没能按合同规定向安装单位提供施工所需的工作条件，使安装工作不能按计划进行，业主应承担由此引起的损失。

2. 设备安装单位不能直接向土建施工单位提出索赔要求。

虽然设备安装单位所遭受的损害是由于土建施工单位施工质量问题引起的，但由于设备安装单位与土建施工单位之间没有合同关系，因此不能直接向土建施工单位索赔。

3.（1）监理工程师收到安装单位索赔通知书后，应及时审查索赔通知书的内容、查验安装单位的施工记录和证明材料，必要时监理工程师可要求安装单位提交全部原始记录副本，进一步核实由此引起的损失金额和延误的工期。

（2）监理工程师应与业主和安装单位进行协商，以便确定所需追加的付款和（或）延长的工期。若协商不能达成一致的，则由总监理工程师在查清有关情况和事实后确定追加的付款和（或）延长的工期。

（3）监理工程师在收到上述索赔通知书或有关索赔的进一步证明材料后的 42 天内，将索赔处理结果报业主批准后答复安装单位。

4. 对于地脚螺栓偏移的质量问题，监理工程师应按下列步骤处理：

（1）监理工程师应向土建施工单位发出整改通知，要求施工单位返工处理；

（2）要求施工单位书面报告质量问题的发生原因及处理方案和具体整改措施，监理工程师应进行审核并报业主批准；

（3）指示土建施工单位严格按照批准的处理方案对该质量问题进行处理，并对处理过程进行旁站监理；

（4）质量问题处理完成后，应进行检查验收，验收合格后，组织办理移交签证，交由安装单位进行安装作业。

5. 对于预埋螺栓位置偏差过大的质量问题，监理机构应承担监理失职的责任。

因为按照质量监理程序，施工过程中的每一道工序都须经监理工程师检查验收，经验收合格后才可进行下道工序施工，分项分部工程施工结束后，还应进行中间交工验收。

对于近 1/6 的设备预埋螺栓位置偏差过大的质量问题，监理工程师要么在预埋设备螺栓这道工序施工结束后没有进行检测验收，要么在钢筋混凝土基础施工结束后没有进行中间交工验收。这说明在施工过程中，监理工程师没有尽到履行质量监理之职责。

十二、参考答案

1. 按照计价方式分，合同分为总价合同、单价合同和成本加酬金合同。

2. 该合同变更形式不妥。根据《合同法》，建设工程合同应当采取书面形式，合同变更亦应当采取书面形式。若在应急情况下，可采取口头形式，但事后应予以书面形式确认。否则，在合同双方对合同变更内容有争议时，往往因口头形式协议很难举证，而不得不以书面协议约定的内容为准。本案例中建设单位电话通知临时停工，施工单位亦答应，是双方的口头协议，且事后并未以书面的形式确认，所以该合同变更形式不妥。

3. 施工单位的索赔应当就固定总价合同的条款来认定索赔要求的合理性。

①固定总价合同是总价优先，施工单位报总价，双方商讨并确定合同总价，最终按总价结算。通常只有设计变更，或合同中规定的调价条件，如法律的变化等才允许调整合同价格。如果设计变更在建设单位既定范围内，仍然按照原合同价格结算。

②洪涝灾害属于不可抗力，是建设单位应当承担的风险，工期和费用索赔合理。

③建设单位拖欠工程款，施工单位暂停施工，施工单位的工期索赔是合理的。

④工程过程中修改施工方案，由于物价和人工费涨价所带来的风险应当由施工单位来承担。所以，对于这部分费用索赔是不合理的。

⑤设备检修造成的工期延误是施工单位自己的原因造成的，不应考虑施工单位的工期和费用索赔要求。

⑥施工过程中，由于施工所需资源短缺造成的工期延误，是由于施工单位自己的原因造成的，故不予顺延工期。

⑦施工单位改动施工方案是施工单位自己应当承担的报价风险之一。对于固定总价合同，施工单位应当承担的风险包括：报价风险，即报价计算错误、漏报项目和工程过程中由于物价和人工费涨价所带来的风险；工程量风险，包括工程量计算错误、工程范围不确定或工程项目未列全造成的损失、投标报价设计深度不够造成的损失。施工单位对于自己的投标方案和报价的正确性和完备性负责；应当对于自己就招标文件的解释负责；有经验的施工单位应当对施工方案的合理性负责。

十三、参考答案

1. 事件 1 中，建设单位的不妥之处：

（1）不妥之处：建设单位与监理单位经协商后确定合同价为 260 万元。

正确做法：应以中标价 280 万元作为合同价。

（2）不妥之处：建设单位与监理单位协商后于 2006 年 1 月 10 日签订委托监理合同。

正确做法：应在中标通知书发出后的 30 天内（即 2005 年 12 月底）订立书面合同。

2. 事件 2 中专业监理工程师的不妥之处：对违章进行吊装作业置之不理。

正确做法：专业监理工程师应及时下达监理工程师通知，要求停止吊装作业。

3. 事件2和事件3中，施工项目经理在吊装作业中的不妥之处：

（1）事件2中项目经理在吊装作业中的不妥之处：在风力过大的情况下安排起重机司机进行吊装作业。

正确做法：不应安排吊装作业。

（2）事件3中，项目经理在吊装作业中的不妥之处：在未经审核批准专项施工方案的前提下，要求施工人员进行吊装作业。

正确做法：专项施工方案经施工单位技术负责人、总监理工程师签字后才可进行吊装作业。

4. 事件3中建设单位、总监理工程师工作中的不妥之处：

（1）事件3中建设单位的不妥之处：要求总监理工程师收回吊装作业暂停令。

正确做法：不应该要求收回暂停令。

（2）事件3中总监理工程师的不妥之处：没有及时将吊装作业情况报告建设单位。

正确做法：总监理工程师在发出暂停施工指令时应及时报告建设单位。

5. 事件4中，监理单位要求建设单位增加监理费是合理的。

理由：监理单位是受建设单位的委托，对施工单位进行监督管理。监理单位与建设单位有合同关系，而与施工单位并没有合同关系，由于建设单位与施工单位存在合同关系，对监理单位而言，因施工单位的原因造成监理服务期延长的责任应由建设单位承担。

十四、参考答案

1. 工程预付款 = 420 × 10% = 42（万元）。

2. 11月份的工程进度款 = 50 + 10 = 60（万元）。

11月份的应扣留的保留金 = 60 × 5% = 3（万元）。

11月份的预付款扣回 = 42 ÷ 12 = 3.5（万元）。

11月份的实际付款金额 = 60 − 3 − 3.5 = 53.5（万元）。

3. 事件1中关于变更处理的不妥之处：监理单位要求施工单位尽快提交处理方案并确定采用灌浆方案。

正确做法：应书面报告建设单位，由建设单位征得原设计单位的同意，并取得相应图纸和说明后，监理工程师才可发出书面变更通知。

4. 事件3中的不妥之处：监理单位主持进行了验收。

正确做法：应由建设单位主持进行验收。

十五、参考答案

1. 调整后的网络进度计划如下图所示。

2. （1）工作C与工作H之间机械闲置2个月，工作H与工作J之间机械不闲置，故机械共困置2个月。

（2）如果工作C最早开始时间推迟2个月，则机械无闲置。

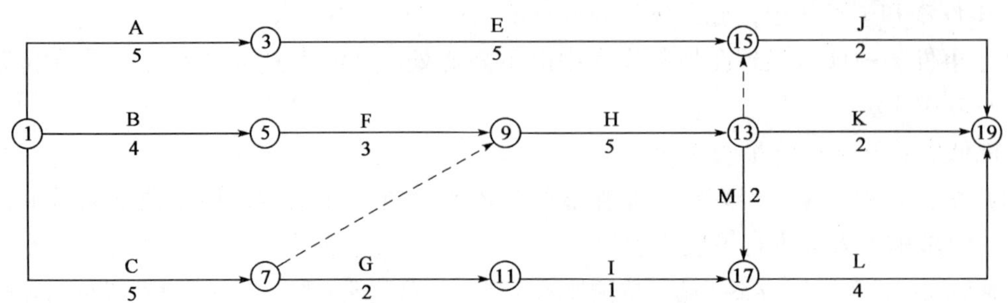

调整后的网络进度计划（时间单位：月）

3. （1）施工机械停滞费补偿要求合理。

因为是建设单位原因造成施工单位的损失，建设单位应承担费用的补偿。

（2）机上操作人员人工费补偿要求不合理。

因为机上工作人员人工费已经包含在相应的机械停滞费用之中。

（3）某些工种的人工窝工费补偿要求合理。

因为是建设单位原因造成施工单位的损失。

4. 建设单位不应支付赶工费。

因为不需要赶工，也能按合同工期完工（或因不影响总工期，或拖延时间在总时差范围内）。

十六、参考答案

1. （1）建设单位做法的不妥之处：工程开工前，建设单位未将委托给监理单位的监理内容和权限书面告知甲施工单位。

理由：监理合同条款规定，工程开工前，建设单位（发包人）必须将履行监理服务的监理人（监理单位）及发包人授予监理人的权力，及时用书面形式通知承包人（施工单位）。

（2）甲施工单位做法的不妥之处：甲施工单位向建设单位提交了乙施工单位“分包单位资格报审表”及营业执照、企业资质等级证书、安全生产许可文件和分包合同等材料。

理由：甲施工单位选定乙分包（施工）单位后，应向项目监理机构（或监理工程师）提交“分包单位资格报审表”。

（3）甲施工单位提交的乙施工单位分包资格材料还应包括：特殊行业施工许可证、国外（境外）企业在国内承包工程许可证；分包单位的业绩；拟分包工程的内容和范围；专职管理人员和特种作业人员的资格证、上岗证等。

2. B 分部工程第 1 个月应获得的工程价款 = 500/（75/30） = 200（万元）。

B 分部工程第 2 个月应获得的工程价款 = 500/（75/15） + 8 = 108（万元）。

B 分部工程第 3 个月应获得的工程价款 = 500/（75/30） + （560 − 500） + 3 = 263（万元）。

B 分部工程的最终合同价款为：200 + 108 + 263 = 571（万元）。

3.（1）乙施工单位做法的不妥之处：乙施工单位向项目监理机构提出工程延期的申请。

正确做法：乙施工单位向甲施工单位提出工程延期申请，甲施工单位再向项目监理机构提出工程延期的申请。

（2）B 分部工程的实际工期是 90 天［或 75 + 15 = 90（天）］。

4.（1）B 分部工程修改设计对 F 分部工程进度的影响：使 F 分部工程进度推迟了 10 天。

理由：工作 B 为工作 F 的紧前工作，工作 B 的持续时间拖延了 15 天，但其自由时差为 5 天，就使 F 分部工程进度推迟了 10 天。

（2）B 分部工程修改设计对总工期的影响：使总工期延长 10 天。

理由：由于 B 分部工程的设计修改使 F 分部工程进度推迟了 10 天，而工作 F 属于关键工作，就使总工期相应延长 10 天。

5. 项目监理机构对事件 4 的处理程序如下：

（1）向甲施工单位下达“工程暂停令”。

（2）指令甲施工单位提交“丙施工单位分包资格报审表”。

（3）监理机构对丙施工单位分包资格进行审查。

（4）如果丙施工单位分包资格符合要求，在报经建设单位同意后，向甲施工单位签发“工程复工令”。如果丙施工单位分包资格不符合要求，则要求甲施工单位撤换分包单位。

十七、参考答案

1. 该施工进度计划中有 4 条关键线路，分别是：

（1）A→D→H→J（或①→②→⑤→⑧→⑩）；

（2）A→D→H→K（或①→②→⑤→⑧→⑨→⑩）；

（3）A→D→I→J（或①→②→⑤→⑥→⑦→⑧→⑩）；

（4）A→D→I→K（或①→②→⑤→⑥→⑦→⑧→⑨→⑩）。

2. 开工 3 个月后施工单位每月应获得的工程款如下：

第 1 个月：30 + 54 × 1/2 = 57（万元）。

第 2 个月：54 × 1/2 + 30 × 1/3 + 84 × 1/3 = 65（万元）。

第 3 个月：30 × 1/3 + 84 × 1/3 + 300 + 21 = 359（万元）。

3.（1）工程开工预付款为：840 × 20% = 168（万元）。

（2）开工 3 个月后施工单位累计应获得的工程款为：

57 + 65 + 359 = 481 > 420 = 840 × 50%，因此，开工预付款从第 3 个月开始扣回。

（3）开工 3 个月后总监理工程师每月签发的工程款如下：

第 1 个月：57 − 57 × 10% = 51.3（万元）［或 57 ×（1 − 10%）= 51.3（万元）］。

第 2 个月：65 - 65 × 10% = 58.5（万元）［或 65 ×（1 - 10%）= 58.5（万元）］。

前 2 个月扣留质量保证金：（57 + 65）× 10% = 12.2（万元）。

应扣质量保证金总额：840 × 5% = 42（万元）。

由于 359 × 10% = 35.9 > 29.8 = 42 - 12.2（万元）。

第 3 个月应签发的工程款：359 -（42 - 12.2）- 168/3 = 273.2（万元）。

4.（1）事件 1 中，施工单位提出的费用要求不合理。

理由：安全施工自检（管理）费用属于建筑安装工程费中的其他工程费（或该费用已包含在签约合同价中）。

（2）事件 2 中，施工单位提出的费用要求不合理。

理由：商品混凝土供货单位与建设单位没有合同关系。

5. 事件 3 中，施工单位提出的变更程序不妥。

理由：提出工程变更应先报项目监理机构。

十八、参考答案

1. 变更的范围和内容如下：

①取消合同中任何一项工作，但被取消的工作不能转由发包人或其他人实施，由于承包人违约造成的情况除外；

②改变合同中任何一项工作的质量或其他特性；

③改变合同工程的基线、标高、位置或尺寸；

④改变合同中任何一项工作的施工时间或改变已批准的施工工艺或顺序；

⑤为完成工程需要追加的额外工作。

2. 变更的估价原则：

①如果取消某项工作，则该项工作的总额价不予支付。

②已标价工程量清单中有适用于变更工作的子目的，采用该子目的单价。

③已标价工程量清单中无适用于变更工作的子目，但有类似子目的，可在合理范围内参照类似子目的单价，由监理人按合同相关条款商定或确定变更工作的单价。

④已标价工程量清单中无适用或类似子目的单价，可在综合考虑承包人在投标时所提供的单价分析表的基础上，由监理人按合同相关条款商定或确定变更工作的单价。

⑤如果本工程的变更指示是因承包人过错、承包人违反合同或承包人责任造成的，则这种违约引起的任何额外费用应由承包人承担。

3. 变更指示应说明变更的目的、范围、变更内容以及变更的工程量及其进度和技术要求，并附有关图纸和文件。

4. 上述背景材料中所增加的三座涵洞构成变更。

理由：合同条款规定，在履行合同过程中发生“为完成工程需要追加的额外工作”的，即构成变更。上述背景材料中所增加的三座涵洞就属于为完成工程需要追加的额外工作。

由于已标价工程量清单中有适用于变更工作的子目的，按合同条款的规定，该变更工作即采用该子目的单价或价格。

十九、参考答案

1. 石料应分类堆放；石料堆放场地最好做硬化处理；石料堆放场地四周做好排水。

2. 试验段铺筑的主要目的有两类。一是为控制指标确定相关数据，如：松铺系数、机械配备、压实遍数、人员组织、施工工艺等；二是检验相关技术指标，如：沥青含量、矿料级配、沥青混合料马歇尔试验、压实度等。

3. 出厂时混合料出现白花料，拌和中可能存在油料偏少；拌和时间偏少；矿粉量过多等。

4. 沥青混合料运输应注意的问题是：保持车厢干净并涂防黏薄膜剂，运输时必须覆盖棚布以防雨和热量损失。

5. 沥青混凝土路面施工中压实度是一重要控制指标，温度低是造成压实度不足的原因之一，随时检查并作好记录是保证沥青路面压实度的重要手段之一。

6. 碾压进行中压路机运行应均匀，不得中途停留、转向或制动；也不能随意改变碾压速度：不允许在新铺筑路面上停机加油、加水。

7. 先用3m直尺检查端部平整度，垂直于路中线切齐清除，在端部涂黏层后继续摊铺，横向接缝的碾压先用双轮双振压路机进行横压，压路机位于压实的部分伸入新铺层的15cm，每压一遍向新铺层移动15～20cm，直到压路机全部移到新铺层，再改为纵向碾压。

二十、参考答案

1. 承包人的索赔要求成立必须同时具备以下四个条件：

①与合同相比较，已造成了实际的额外费用或工期损失；

②造成费用增加或工期损失不是由于承包人的过失引起的；

③造成费用增加或工期损失不是应由承包人承担的风险引起的；

④承包人在事件发生后的规定时间内提出了索赔的书面意向通知和索赔报告。

2. 因供砂距离增大提出的索赔不能被批准，原因如下：

①承包人应对自己就参考资料的解释、推论及应用负责；

②承包人应对自己报价的正确性与完整性负责：

③作为一个有经验的承包人可以通过现场踏勘确认招标文件参考资料中提供的用砂质量是否合格，若承包人没有通过现场踏勘发现用砂质量问题，其相关风险应由承包人承担。

3. 事件1：工期和费用索赔均不成立，因为承包人的施工设备故障属于承包人应承担的风险。

事件2：工期和费用索赔均成立，因为迟延提供图纸属于发包人应承担的风险。

事件3：特大暴雨属于双方共同的风险，工期索赔成立，费用索赔不成立。

事件4：工期和费用索赔均成立，因为停电属于发包人应承担的风险。

4. 事件2：5月27日至6月6日，工期索赔11天，费用索赔：11天×2万元/天=22万元；

事件3：6月7日至6月12日，工期索赔6天。

事件4：6月13日至6月14日，工期索赔2天，费用索赔：2天×2万元/天=4万元。

合计：工期索赔19天，费用索赔26万元。

5. 不合理。

因窝工闲置的施工设备按折旧费或停滞台班费或租赁费计算，不包括运转费部分。人工费损失应考虑这部分工作的工人调作其他工作时工效降低的损失费用，一般用工日单价乘以一个测算的降效系数计算这一部分损失，而且按成本费计算，不包括利润。

二十一、参考答案

1. 监理工程师在进行目标控制时应采取的措施有：组织措施、技术措施、合同措施、经济措施。上述质量目标控制措施中：（1）是技术措施；（2）是技术措施；（3）是组织措施；（4）是经济措施（或合同措施）；（5）是技术措施。

2. 上述质量目标控制措施中，措施（2）、（3）、（5）属于主动控制；措施（4）属于被动控制。

3. 向施工单位借用和指令施工单位提供监理设备是不合理的。

因为按照监理合同条款规定，监理机构应配备能满足监理工作需要的测量、检测试验仪器设备。

4. 安装单位的损失应由建设单位负责。因为安装单位和建设单位有合同关系，建设单位没能按合同规定提供安装单位施工工作条件，使安装工作不能按计划进行，建设单位应承担由此引起的损失。

5. 对于预埋螺栓位置偏移过大的质量问题监理单位应承担失职责任。

因为基础施工过程中的每一道工序及施工完成后，都要经现场监理工程师的检查、验收，但现场监理未能及时发现质量问题，属于监管不到位，应负监理失职责任。

6. 对于预埋螺栓位置偏移的质量问题，监理工程师应向土建施工单位发出整改通知，要求施工单位返工处理，对施工单位提出的具体施工措施，监理工程师应进行审核，并严格监督检查施工处理情况，处理完成后应进行检查验收，验收合格后，组织办理移交签证，交由安装单位进行安装作业。

二十二、参考答案

1. 总监理工程师不应批准事件1中施工单位提出的延期开工申请。理由：根据有关规定，如果承包人不能按时开工，应在不迟于合同约定的开工日期前7天以书面形式向监理工程师提出延期开工的理由和要求，本案例是在开工日前5天提出的，不符合规定，所以不应批准。

2. 该工程还应具备以下开工条件，总监理工程师方可签发工程开工报审表：①施工组织设计已获总监理工程师批准。②施工机具、施工人员已进场，主要工程材料已落实。③临时设施、进场道路及水、电、通信等已满足开工要求。

3. 该施工进度计划的工期为 75 天，关键工作为 A、D、E、H、K。

C 工作自由时差 =9 +15 +24 −9 −12 =27（天），总时差 =75 −9 −12 −9 −8 =37（天）。

D 工作为关键工作，因此，自由时差为零，总时差为零。

F 工作的自由时差 =26 −9 −8 −9 =0，总时差 =75 −9 −8 −9 −15 −12 =22（天）。

4. A 工作已完成，对总工期及紧后工作无影响。

B 工作已完成，对总工期及紧后工作无影响。

C 工作已完成 6 天的工作量，拖延了 5 天，拖延的时间既没有超过总时差，也没有超过自由时差，对总工期及紧后工作无影响。

D 工作已完成 5 天的工作量，拖延了 6 天，D 工作为关键线路，预计会使总工期延长 6 天，也会影响紧后工作。

5. 项目监理机构的处理程序：下达 F 工作的暂停令，经项目监理机构对 B 工作验收合格后再进行 F 工作，并由施工单位承担所造成的费用及工期损失。

二十三、参考答案

1. 业主扣回开工预付款

= [累计完成工程款 − 签约合同价 ×30%] ×开工预付款 ÷签约合同价的 50%

= [(5 000 ×60% +150 +50) −5 000 ×30%] ×(5 000 ×10%) ÷(5 000 ×50%)

= 340（万元）

2. 业主已实际支付的各类工程款

= 已完成的合同工程款 + 变更工程款 + 完成的暂定项目款 + 开工预付款 − 扣回开工预付款 − 质量保证金

= 5 000 ×60% +150 +50 +5 000 ×10% −340 −5 000 ×5%

= 3 110（万元）

3. 业主还需支付的各类补偿款

= 利润补偿 + 承包人已支付的库存材料款 + 施工设备撤回基地和遣返所有雇用人员费用的一部分 + 已扣的质量保证金

其中：利润补偿 = (5 000 −5 000 ×60%) ×5% =100（万元）

承包人已支付的库存材料款 80 万元，业主一经支付，库存材料则属于业主所有。

承包人的施工设备撤回基地和遣返所有雇用人员费用因在工程量清单中未单独列项，所以签约合同价中应已包含此项费用。因此，业主只能补偿支付其合理部分。

承包人施工设备撤回基地和遣返所有雇用人员费用

=（5 000 −5 000 ×60%）÷5 000 ×60 =24（万元）

返还已扣质量保证金：5 000 ×5% =250（万元）

因此，业主还需支付的各类补偿款 =100 +80 +24 +250 =454（万元）

4. 业主总共支付的工程款

=业主已实际支付的各类工程款 + 业主还需支付的各类补偿款 − 尚未扣回的开工预付款

=3110 +454 −（500 −340）=3404（万元）

二十四、参考答案

1. 该工程施工进度计划中关键工作为 A、B、D、E、G、I，非关键工作为 C、F、H。

C 工作总时差 =（9 −6）个月 =3 个月，自由时差 =3 个月。

F 工作总时差 =（13 −7 −3）个月 =3 个月，自由时差 =2 个月。

2. 事件 1 中，第 8 个月末 C、E、F 工作的拖后时间及对工期和后续工作的影响程度及理由。

（1）C 工作拖后时间为 3 个月，对工期和后续工作均无影响。

理由：C 工作应该在 6 月末完成，现在需要在 9 月末完成，因此，C 工作拖后时间为 3 个月；C 工作的总时差为 3 个月，不会影响工期；C 工作的自由时差为 3 个月，不会影响后续工作。

（2）E 工作拖后时间为 2 个月，使工期和后续工作均延期 2 个月。

理由：E 工作应该在 9 月末完成，现在需要在 11 月末完成，因此，E 工作拖后时间为 2 个月；由于 E 工作为关键工作，所以会使工期和后续工作均延期 2 个月。

（3）F 工作拖后时间为 2 个月，对总工期和后续工作均无影响。

理由：F 工作应该在 7 月末完成，现在需要在 9 月末完成，因此，F 工作拖后时间为 2 个月；F 工作总时差为 3 个月，拖后 2 个月不会影响总工期，自由时差为 2 个月，拖后 2 个月不影响后续工作。

3. 针对事件 1，项目监理机构应批准的工程延期时间为 2 个月。

理由：处于关键线路上的 E 工作拖后 2 个月，影响总工期 2 个月，其他工作没有影响工期。

4. 针对事件 2，施工单位加快施工进度而采取的最佳调整方案是：I 工作缩短 1 个月，E 工作缩短 1 个月。相应增加费用 =（14 +18）万元 =32 万元。

第三部分　模　拟　试　卷

模拟试卷一

一、在某公路施工项目的公开招标中，有 A、B、C、D、E、F、G、H 等施工单位报名投标，经资格预审均符合要求，但建设单位以 A 施工单位是外地企业为由不同意其参加投标。

评标委员会由 5 人组成，其中当地交通主管部门的招投标管理办公室主任 1 人、建设单位代表 1 人、交通主管部门提供的专家库中抽取的技术经济专家 3 人。

评标时发现，B 施工单位投标报价明显低于其他投标单位报价且未能合理说明理由；D 施工单位投标报价大写金额小于小写金额；F 施工单位投标文件提供的检验标准和方法不符合招标文件的要求；H 施工单位投标文件中某分项工程的报价有个别漏项；其他施工单位的投标文件均符合招标文件要求。

建设单位最终确定 G 施工单位中标，并与该施工单位签订了施工合同。

工程按期进入安装调试阶段后，由于雷电引发了一场火灾。火灾结束后 48 小时内，G 施工单位向项目监理机构通报了火灾损失情况：工程本身损失 150 万元；总价值 100 万元的待安装设备彻底报废；G 施工单位人员烧伤所需医疗费及补偿费预计 15 万元，租赁的施工设备损坏赔偿 10 万元；其他单位临时停放在现场的一辆价值 25 万元的汽车被烧毁。另外，大火扑灭后 G 施工单位停工 5 天，造成其他施工机械闲置损失 2 万元以及必要的管理保卫人员费用支出 1 万元，并预计工程所需清理、修复费用 200 万元。损失情况经项目监理机构审核属实。

问题：

1. 在施工招标资格预审中，建设单位认为 A 施工单位没有资格参加投标是否正确？说明理由。

2. 指出施工招标评标委员会组成的不妥之处，说明理由，并写出正确作法。

3. 判别 B、D、F、H 四家施工单位的投标是否为有效标？说明理由。

4. 安装调试阶段发生的这场火灾是否属于不可抗力？指出建设单位和 G 施工单位应各自承担哪些损失或费用（不考虑保险因素）？

二、某一级公路工程开工里程 10 公里，建设单位通过公开招标分别与甲施工单位和某监理单位订立了书面的施工合同与监理合同。经监理工程师审查并报建设单位批准，甲施工单位将部分工程分包给乙施工单位，并与之订立了分包合同。在合同履行中发生了以下事件：

事件 1：监理合同签订后，监理单位根据监理服务内容、服务期限、工程项目组成、工程规模、技术复杂程度、现场条件等因素，设置了二级监理机构，并确定了总监理工程师、驻地监理工程师及专业监理工程师人选。

事件 2：在监理机构组建后，驻地监理工程师主持编制了该工程项目监理计划和监理细则。

事件3：在施工合同约定的工程开工日前，建设单位主持召开了第一次工地会议，通报、检查、落实开工准备工作。

事件4：在施工合同约定的工程开工日前，专业监理工程师主持召开了监理交底会，详细介绍了监理细则的相关内容。

事件5：在第一次工地会议结束后，甲施工单位向建设单位提交了合同工程开工申请，建设单位对合同工程的开工条件进行了核查，认为具备开工条件，于是签发了合同工程开工令，并通知了项目监理机构。

事件6：驻地监理工程师在审批甲施工单位提交的施工组织设计时，认为某段石方爆破工程危险性较大，要求甲施工单位编制石方爆破工程专项施工方案。甲施工单位编制了专项施工方案，其总工程师凭以往经验进行了安全估算，认为方案可行，并安排质量检查员兼任施工现场安全管理员，并将方案报送总监理工程师签认。

事件7：施工过程中甲施工单位因资金困难，没有按分包合同约定支付乙施工单位的工程款。乙施工单位于是向监理机构提出了支付申请。监理机构受理并经建设单位同意后，签发了支付证书。

事件8：监理工程师在巡视中发现，乙施工单位施工的某部位存在质量隐患，即向其签发了整改通知，要求乙施工单位立即整改，并消除隐患。

事件9：专业监理工程师在旁站时，发现某分项工程存在严重质量隐患，即向甲施工单位签发了工程暂停令，要求对该分项工程停工整改，消除隐患。

事件10：甲施工单位施工时不慎将乙施工单位正在施工作业的一台关键设备损坏，甲施工单位向乙施工单位作出了赔偿。因修复损坏的设备导致工期延误，乙施工单位向监理机构提出了工程延期的申请。

问题：

1. 事件1中，监理单位设置的监理机构是否合理？说明理由。

2. 事件2中，驻地监理工程师主持编制项目监理计划和监理细则是否正确？为什么？

3. 事件3中，建设单位主持召开第一次工地会议是否正确？为什么？

4. 事件4中，专业监理工程师主持召开监理交底会，介绍监理细则的相关内容是否妥当？试指出不妥之处，并说明理由。

5. 事件5中，建设单位做法是否妥当？为什么？

6. （1）事件6中，驻地监理工程师审批施工组织设计是否妥当？为什么？

（2）事件6中，石方爆破工程专项施工方案编制和报审过程中有何不妥之处？请写出正确做法。

7. 事件7中，监理机构的做法有何不妥之处，说明理由。

8. 事件8中，监理工程师的做法是否妥当？如不妥当，请写出正确做法。

9. 事件9中，专业监理工程师的做法是否妥当？如不妥，说明理由并写出正确做法。

10. 事件10中，乙施工单位向监理机构提出工程延期申请是否正确？若不正确，写出正确的做法。

三、某公路工程项目，建设单位与施工单位按照《公路工程标准施工招标文件》（2009年版）签订了施工承包合同。施工合同中规定：

（1）施工所用材料由建设单位采购。

（2）建设单位原因导致的施工单位人员窝工，按18元/工日补偿，建设单位原因导致的施工单位设备闲置，按下表中所列标准补偿。

设备闲置补偿标准表

机械名称	台班单价/（元/台班）	补偿标准	机械名称	台班单价/（元/台班）	补偿标准
混合料拌和机	1060	台班单价的60%	自卸汽车	458	台班单价的50%
装载机	318	台班单价的40%			

（3）施工过程中发生的设计变更，其价款按建标［2003］206号文件的规定以工料单价法计价程序计价（以直接费为计算基础），间接费费率为10%；利润率为5%，税率为3.41%。

该工程在施工过程中处在施工进度网络计划关键线路上的工作发生了以下事件。

事件1：施工单位在填方路基施工时，发现取土场的黏性土含水量过大，必须经过晾晒后才能填筑；增加费用30000元，工期延误10天。

事件2：某桥台基坑开挖深度为3m，施工组织设计中考虑的放坡系数为0.3（已经监理工程师批准）。施工单位为避免坑壁塌方，开挖时加大了放坡系数，使土方开挖量增加，导致费用超支10000元，工期延误3天。

事件3：施工单位在桥梁预制构件吊装安装时发现钢筋混凝土底座结构上缺少相应的预埋件，经查实是由于该桥梁施工图纸遗漏该预埋件的错误所致。返工处理后，增加费用20000元，工期延误8天。

事件4：建设单位采购的材料没有按计划时间到场，施工受到影响，施工单位一台混合料拌和机、一台装载机和一台自卸汽车闲置5天，工人窝工86工日，工期延误5天。

事件5：某分项工程由于建设单位提出工程使用功能的调整，须进行设计变更。该设计变更导致增加费用28000元，工期延误10天。

上述事件发生后，施工单位及时向建设单位造价工程师提出索赔要求。

问题：

1. 分析以上各事件中监理工程师是否应该批准施工单位的索赔要求？为什么？

2. 对于工程施工中发生的工程变更，监理工程师对变更部分的合同价款应根据什么原则确定？

3. 造价工程师应批准的索赔金额是多少元？工程延期是多少天？

四、某桥梁工程施工过程中，由于地基条件发生了变化，建设单位根据施工合同条款的约定提出增加两根ϕ2.0m钻孔桩的变更要求，监理机构根据合同规定向承包人发出了变更指令。在对该变更进行估价时发现，合同工程量清单中没有 ϕ2.0m 钻孔桩的价格，而有 ϕ1.5m 钻孔桩的价格。监理工程师提出参考（借用）相邻标段工程 ϕ2.0m 钻孔桩的价格。施工单位认为该价格太低，于是提出自己组价计算的资料，根据该资料计算出的价格比相邻标段工程的价格高 50%，试就上述背景资料回答以下问题：

1. 变更工程价格确定方法有哪几种？

2. 监理工程师提出的确定变更工程价格的意见是否合理？为什么？

3. 承包人能否提出变更工程价格？为什么？

4. 监理工程师就变更工程价格能否与建设单位、承包人协商？能否做出让步？

5. 若监理工程师、建设单位和承包人三方就变更工程价格不能达成一致，监理工程师应如何处理？

五、某公路工程施工承包合同工期为 20 个月。在工程开工之前，承包人向总监理工程师提交了施工总进度计划，如下图所示，各工作均匀速进行。该计划已得到总监理工程师的批准。当工程进行到第 7 个月末时，进度检查绘出的实际进度前锋线如下图所示。

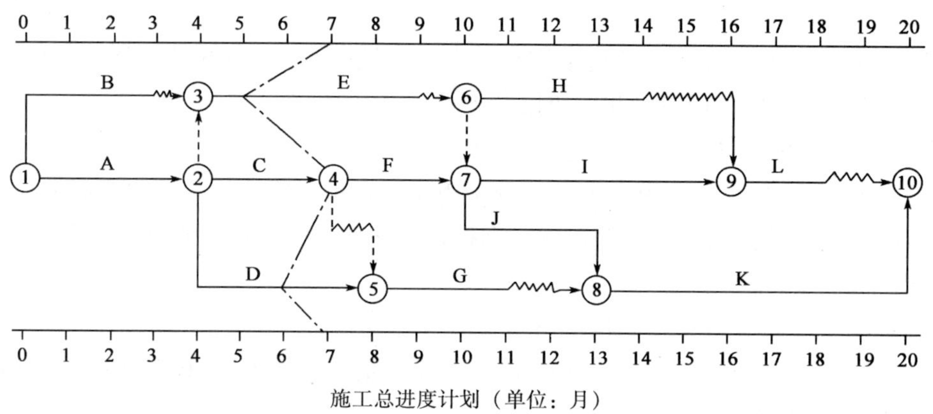

施工总进度计划（单位：月）

E 工作和 F 工作于第 10 个月末完成以后，业主决定对 K 工作进行设计变更，变更设计图纸于第 13 个月末完成。

工程进行到第 12 个月末时，进度检查时发现：

（1）H 工作刚刚开始。

（2）I 工作仅完成了 1 个月的工作量。

（3）J 工作和 G 工作刚刚完成。

问题：

1. 为了保证本工程按合同工期完成，在施工总进度计划中应重点控制哪些工作？

2. 根据第 7 个月末工程施工进度检查结果，分别分析 E、C、D 工作的进度情况及对其紧后工作和总工期产生什么影响。

3. 根据第 12 个月末进度检查结果，在下图中绘出进度前锋线。此时总工期为多少个月？

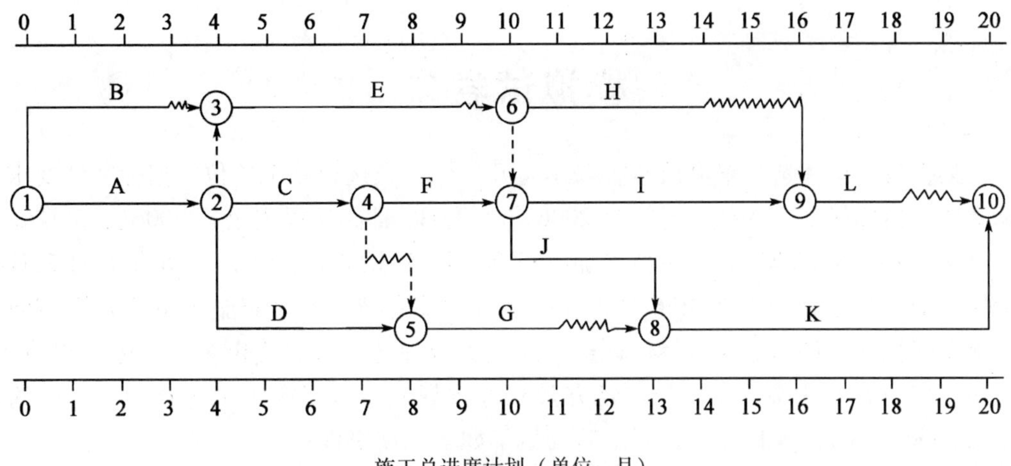

施工总进度计划（单位：月）

4. 由于J、G工作完成后K工作的施工图纸未到，K工作无法在第12个月末开始施工，承包人就此向业主提出了费用索赔。监理工程师应如何处理？说明理由。

模拟试卷二

一、某投资公司建造一幢办公楼，采用公开招标方式选择施工单位。招标文件要求：提交投标文件和投标保证金的截止时间为 2006 年 5 月 30 日。该投资公司 2006 年 3 月 6 日发出招标公告，共有 5 家建筑施工单位参加了投标。第 5 家施工单位于 2006 年 6 月 2 日提交了投标保证金。开标会于 2006 年 6 月 3 日由该省建委主持。第 4 家施工单位开标前向投资公司要求撤回投标文件和退还投标保证金。经过综合评选，最终确定第 2 家施工单位中标。投资公司（甲方）与中标施工单位（乙方）双方按规定签订了施工承包合同，合同约定开工日期为 2006 年 8 月 16 日。工程开工后发生了如下几项事件：

事件 1：因拆迁工作拖延，甲方于 2006 年 8 月 18 日才向乙方提供施工场地，导致乙方 A、B 两项工作延误了 2 天，并分别造成人工窝工 6 个和 8 个工日，但乙方 C 项工作未受影响。

事件 2：乙方与机械设备租赁商约定，D 项工作施工用的某机械应于 2006 年 8 月 28 日进场，但因出租方原因推迟到当月 29 日才进场，造成 D 项工作延误 1 天和人工窝工 7 个工日。

事件 3：因甲方设计变更，乙方在 E 项工作施工时，导致人工增加 14 个工日，其他费用增加了 1.5 万元，并使施工时间增加了 2 天。

事件 4：在 F 项工作施工时，因甲方供材出现质量缺陷，乙方施工增加用工 6 个工日，其他费用 1000 元，并使 H 项工作时间延长 1 天，人工窝工 24 个工日。

上述事件中，A、D、H 三项工作为关键工作，没有机动时间，其余工作均有足够的机动时间。

问题：

1. 第 5 家施工单位提交投标保证金的时间对其投标文件产生什么影响？为什么？
2. 第 4 家施工单位撤回投标文件，招标方对其投标保证金应如何处理？为什么？
3. 上述招标投标过程中，有哪些不妥之处？请说明理由。
4. 乙方能否就上述每项事件向甲方提出工期索赔和费用索赔？请说明理由。
5. 合同约定人工费标准为 30 元/工日，应由甲方给予补偿的窝工人工费标准为 18 元/工日，施工管理费、利润等均不予补偿。在该工程中，乙方可得到合理的费用索赔有哪几项？费用索赔额是多少？

二、某公路工程施工项目，建设单位通过施工监理招标和施工招标，分别于 2010 年 4 月 10 日及 2010 年 4 月 25 日和某监理单位与某施工单位签订了施工监理合同和施工合同。在施工过程中发生了以下事件：

事件 1：路基工程施工时，施工单位无法在工程现场附近找到满足技术规范要求的施工料源，施工中所需砂石料严重缺乏。因此，施工单位只得到极远的地方去运这些大宗材料，而且运距越来越长，加之路况极差，造成运输负担沉重，工期严重滞后，成本费用直线上升。施工单位认为建设单位没有在招标文件中将这种情况预先告知施工单位，建设单位应补偿施工单位由此而造成的工期和费用损失，并且在合同规定的时间内提出了工程延期和费用索赔的要求。

事件2：在某小桥桥台基础施工时，施工单位为了保证工程质量，在现场监理工程师认可的情况下，将原设计要求的混凝土强度由C18提高到C20，导致费用增加6万元。对此施工单位提出了费用索赔的要求。

事件3：施工期间，施工单位发现位于施工网络计划图关键线路上的某分部工程施工图纸有误，立即报告监理工程师和建设单位。由于图纸修改造成停工5天，费用损失2万元。对此，施工单位提出了工程延期与费用索赔的要求。

事件4：某段路基基底强度不足，按合同规定应采用强夯法进行加固处理。在工程施工过程中，当进行到施工图所规定的处理范围边缘时，乙方在取得现场监理工程师同意的情况下，为了使夯击质量得到保证，将夯击范围适当扩大，施工完成后，施工单位就扩大的夯击范围内的工程数量向监理工程师提出计量要求。

以上各项事件均发生在施工网络计划图中的关键线路上，且各事件经监理工程师核查均符合实际情况。

问题：

1. 对于以上各事件中施工单位提出的要求，监理工程师应如何处理？为什么？

2. 施工监理合同与施工合同的订立有何先后顺序要求？就该工程项目而言，施工监理服务始于何日？

三、某山区二级公路的主要工序见下表。

某二级公路的主要工序

工作代号	工作名称	备　注
A	施工准备	
B	路基土石方开挖	其中部分石方需爆破施工
C	挡墙基坑开挖	
D	涵洞施工	
E	桥梁基础施工	钻孔灌注桩基础
F	上边坡防护工程施工	分5级，平均高40m
……	……	……

施工单位编制了如下图所示的进度计划，该计划已经监理工程师批准。

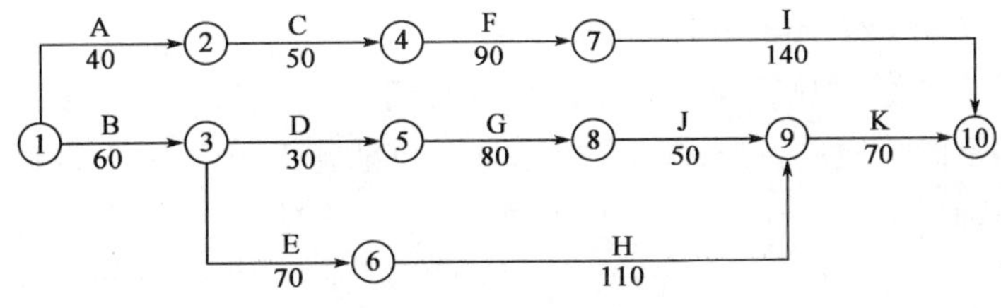

施工进度计划（单位：天）

施工中发生了如下事件：

事件1：由于施工单位设备故障，导致C工作中断4天。

事件2：由于百年一遇的冰雪灾害，导致D工作晚开工15天。

事件3：由于业主提供的图纸晚到，导致E工作停工10天。

针对上述事件中的暂停施工，施工单位在合同规定时间内向监理机构提出了延期申请和费用索赔的要求。合同约定，成本损失费为人民币1.5万元/天，利润损失费为人民币0.2万元/天。

问题：

1. 计算图中所示网络计划工期，并指出关键线路。

2. 针对背景材料中的网络计划，分别分析C、D、E工作延误，施工单位提出工期索赔和费用索赔的合理性。

3. 计算可索赔的费用。

4. 结合上述背景材料，分析施工单位应编制哪些安全生产专项施工方案。

四、某公路工程施工项目，建设单位通过公开招标与某施工单位签订了施工合同。在该工程施工过程中，施工进度计划网络图中的关键线路上发生了以下事件：

事件1：某桥梁地基软弱，设计文件中规定采用碎石垫层加固处理。施工结束后经检测发现，加固处理后的地基不能满足要求，于是，建设单位提出变更，将碎石垫层改为碎石桩，由此导致施工单位停工20天。施工单位按照合同条款规定提出工程延期和费用索赔要求。

事件2：某小桥台背按照设计文件规定采用灰土夯填。施工结束后，经监理工程师检查签认，并给予计量支付。此后不久，有人举报该施工单位用于桥台背回填的灰土中石灰剂量不够，偷工减料。建设单位向监理工程师提出对该桥台背回填质量进行复查。于是，监理工程师要求施工单位开挖重新检验。检验结果表明，灰土中石灰剂量合格，但部分层位压实度不合格。施工单位进行了返工处理，由此造成的损失，施工单位提出了工程延期和费用索赔的要求。

事件3：在该工程项目招标时，招标文件中就施工所需填料指定了甲、乙两处料源场。施工开始后，施工单位经试验发现甲料场材料质量不合格，无法用于施工。由于乙料场储量有些，于是，施工单位重新找到了另一处新料场。由此导致材料运距增大，造成施工成本增加。施工单位就此提出工期和费用索赔的要求。

问题：

1. 请说明承包人提出索赔的程序。

2. 试分析以上各事件中施工单位提出的工程延期和费用索赔要求是否合理？为什么？

五、某公路项目的建设单位通过公开招标方式与某施工单位签订了施工合同。施工前，承包人向监理工程师提交了施工进度计划如下图所示，该进度计划已经监理工程师批准。

工程施工到第5个月末检查时，A_2工作刚好完成，B_1工作已进行了1个月。

在施工过程中发生了如下事件。

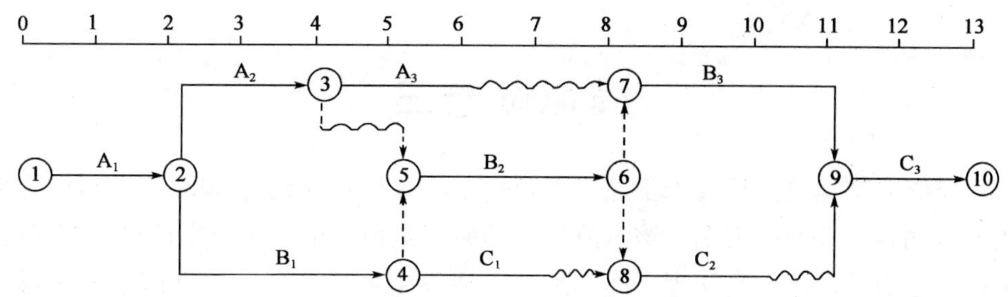

施工网络进度计划（时间单位：月）

事件1：A_1工作施工半个月发现业主提供的设计文件不准确，经监理工程师与业主协商确认，对原设计进行变更，设计变更后工程量没有增加，但承包人提出以下索赔：设计变更使A_1工作施工时间增加1个月，故要求将原合同工期延长1个月。

事件2：工程施工到第6个月，遭受飓风袭击，造成相应损失，承包人及时向监理工程师提出费用索赔和工期索赔申请，经监理工程师审核的内容如下：

（1）部分已完工程遭受不同程度破坏，费用损失30万元。

（2）在施工现场承包人用于施工的机械受到损坏，造成损失5万元；用于工程上待安装设备（承包人供应）损坏，造成损失1万元。

（3）由于现场停工造成机械台班损失3万元，人工窝工费2万元。

（4）施工现场承包人使用的临时设施损坏，造成损失1.5万元；业主使用的临时用房破坏，修复费用1万元。

（5）因灾害造成施工现场停工0.5个月，索赔工期0.5个月。

（6）灾后清理施工现场，恢复施工需费用3万元。

事件3：A_3工作施工过程中，由于业主供应的材料没有及时到场，致使该工作延长1.5个月，发生人工窝工和机械闲置费用4万元（经监理工程师查证）。

问题：

1. 不考虑施工过程中发生各事件的影响，在施工网络进度计划中标出第5个月末的实际进度前锋线，并判断如果后续工作按原进度计划执行，工期将是多少个月？

2. 指出事件1中承包人的索赔是否成立，并说明理由。

3. 分别指出事件2中承包人的索赔是否成立，并说明理由。

4. 除事件1引起的索赔费用之外，承包人可得到的索赔费用是多少？合同工期可顺延多长时间？

模拟试卷三

一、某公路路基填筑工程在施工完成半月后，一段路基（约有 80m 长）整体失稳垮塌，但未造成人员伤亡。经调查表明，该事故发生的原因是由于施工单位在该路基施工时盲目赶进度，未将原地面的淤泥彻底清理干净所致。事故发生后，施工单位立即进行了返工处理，经检查验收合格。经监理工程师核实施工单位用于这次返工的各项费用共计 90 万元，事后施工单位根据合同规定监理工程师提交了费用索赔的各种文件资料，要求建设单位对返工所花费的 90 万元给予赔偿。

问题：

1. 试分析施工单位的索赔要求是否成立？为什么？
2. 试分析对该质量事故，监理单位是否应承担责任？为什么？
3. 根据题意，你认为此次质量事故属于哪级哪类事故？为什么？
4. 请说明公路工程质量事故分哪几类？
5. 公路工程质量事故书面报告内容包括哪些方面？
6. 公路工程质量事故处理实行的“四不放过”原则是什么？

二、某工程的建设单位通过公开招标，分别与某监理单位和 A 施工单位签订了施工监理合同和施工承包合同，在经监理机构审查并报建设单位同意，A 施工单位将其承包的某分项工程分包给 B 施工单位，并与之签订了分包合同。

施工过程中发生了如下事件：

事件 1：施工中专业监理工程师发现 B 分包单位施工的工程存在质量隐患，于是总监理工程师同时向 A、B 两单位发出整改通知。接到总监理工程师发出的整改通知后，A 施工单位回函称：B 分包单位承担的工程是经建设单位同意分包的，本单位不承担该部分工程的质量责任。

事件 2：专业监理工程师巡视时发现，A 施工单位使用了未经报检的建筑材料，若继续施工该部位将被隐蔽，因此，立即向 A 施工单位下达了合同工程暂停令（因 A 施工单位的工作对 B 分包单位的工作有影响，B 分包单位也被迫停工），并指示 A 施工单位对该材料进行检验，同时将情况报告了总监理工程师。总监理工程师对该停工令予以确认，并上报建设单位。检验结果表明该材料合格，可以使用。总监理工程师随即指令施工单位恢复了正常施工。

B 分包单位就上述停工遭受的损失向 A 施工单位提出补偿要求，而 A 施工单位称：停工是执行监理工程师的指令，B 分包单位应向建设单位提出索赔。建设单位称：本次停工是监理工程师失职造成的，且事先未获得建设单位的同意。故建设单位不承担任何责任，施工单位的损失应由监理单位承担。

问题：

1. 事件 1 中，A 施工单位的答复是否妥当？为什么？

2. 事件1中，总监理工程师同时向A、B两单位签发整改通知是否妥当？为什么？

3. 事件2中，专业监理工程师是否有权签发工程暂停令？为什么？

4. 事件2中，下达工程暂停令的程序有无不妥之处？请说明理由。

5. 事件2中，A施工单位要B分包单位向建设单位提出索赔的说法是否正确？为什么？B分包单位的损失应如何处理？

6. 事件2中，建设单位的说法是否正确？为什么？

三、某公路建设项目的建设单位采用公开招标方式分别选定了施工单位和监理单位，并与施工单位和监理单位分别签订了施工合同与监理合同。在施工过程中，发生了如下事件：

事件1：在某段土方开挖工作完成后不久，边坡出现了局部塌方，令地基土受到扰动，承载能力降低。

事件2：在基础工程施工结束后，因施工单位质量检查人员外出未归，未进行自检，为了能够提前进行基础的填埋工作，施工单位报请监理工程师对其进行检查验收，被监理工程师拒绝。

事件3：在某段危险性较大的高边坡处理工程，施工单位没有按规定编制专项施工方案。该高边坡处理工程施工时没有安全生产管理人员进行现场监督，施工时发生了安全事故。

事件4：某段石方爆破作业比较危险，施工单位为了保证本单位从事爆破作业人员的生命安全，决定从劳务市场雇用三名无爆破作业上岗证人员去实施爆破作业，监理工程师发现后立即予以制止。

事件5：某段土方路基完工后，施工单位申请中间交工验收，监理工程师检查发现施工单位的施工自检资料不完整，最终拒绝对该土方路基进行中间交工验收。

事件6：该公路项目施工结束后，施工单位提交了交工验收申请，监理工程师经审查后认为竣工资料不完善，不具备交工验收条件。因而拒绝了施工单位的交工验收申请。

问题：

1. 事件1中所述边坡出现了局部塌方的问题可能是由于什么原因引起的？

2. 事件2中监理工程师拒绝施工单位要求其对基础工程检查验收的请求是否合理？为什么？

3. 事件3中所述的安全事故监理单位是否应承担责任？为什么？什么样的公路工程施工单位应编制专项施工方案？

4. 事件4中监理工程师的行为是否正确？为什么？

5. 事件5中监理工程师的行为是否正确？为什么？

6. 土方路基质量检验评定时质量检验内容包括哪四个部分？土方路基质量检验实测项目有哪些？

7. 事件6中监理工程师的行为是否合理？为什么？公路工程进行交工验收应具备的条件有哪些？

四、某施工单位承建一座大桥，该桥处在施工进度网络计划中的关键线路上。在架设T

梁时，当地突发泥石流，导致2号桥墩被泥石流冲垮，使已架设的T梁坠毁报废，造成直接经济损失49万元，无人员伤亡。这次泥石流的发生也导致该桥梁全面停工，造成了工期延误。事后查证被冲垮的桥墩混凝土强度达不到设计要求。该施工单位认为所发生的泥石流无法预见的，属于不可抗力，为业主应承担的风险，造成工程损坏应由业主承担，受损工程应予以计量。同时施工单位按合同规定提出了工期索赔要求。

问题：

1. 试对该质量事故进行等级划分。（试对该生产安全事故进行等级划分）
2. 简述上述公路工程质量事故处理的程序。
3. 上述受损工程能否计量？为什么？
4. 试分析施工单位的工期索赔要求是否成立？为什么？

五、某公路工程项目为某省政府投资修建的重点项目，建设单位通过公开招标方式与某施工单位签订了施工合同。施工合同采用《公路工程标准施工招标文件》（2009年版）合同条款。合同约定，吊装机械闲置补偿费600元/台班，单独计算，不进入直接费。经监理工程师审核批准的施工总进度计划如下图所示。

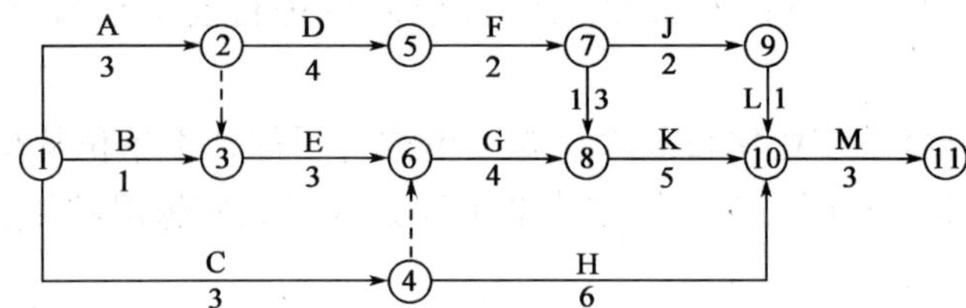

施工总进度计划（初始计划，时间单位：月）

施工过程中发生下列事件：

事件1：开工后，建设单位提出工程变更，致使工作E的持续时间延长2个月，吊装机械闲置30个台班。

事件2：工作G开始后，受当地百年一遇洪水影响，该工作停工1个月，吊装机械闲置15个台班、其他机械设备损坏及停工损失合计25万元。

事件3：工作I所安装的设备由建设单位采购。建设单位在没有通知施工单位共同清点的情况下，就将该设备存放在施工现场。施工单位安装前，发现设备的部分部件损坏，调换损坏的部件使工作I的持续时间延长1个月，发生费用1.6万元。对此，建设单位要求施工单位承担部件损坏的责任。

事件4：工作K开始之前，建设单位又提出工程变更，致使该工作提前2个月完成，因此，建设单位提出要将原合同工期缩短2个月，监理工程师认为不妥。

问题：

1. 确定初始计划的总工期，并确定关键线路及工作E的总时差。
2. 事件1发生后，吊装机械闲置补偿费为多少？工程延期为多少？说明理由。
3. 事件2发生后，监理工程师应批准的费用补偿为多少？应批准的工程延期为多少？说明理由。

4. 指出事件3中建设单位的不妥之处，说明理由。监理工程师应如何批复所发生的费用和工程延期问题？说明理由。

5. 事件4发生后，预计工程实际工期为多少？监理工程师认为建设单位要求缩短合同工期不妥是否正确？说明理由。

第四部分　模拟试卷参考答案

模拟试卷一

一、参考答案

1. A 施工单位没有资格参加投标是不正确的。

理由：《招标投标法》规定，招标人不得以不合理的条件限制和排斥潜在投标人，不得对潜在投标人实行歧视待遇，所以招标人以投标人是外地企业的理由排斥潜在投标人是不合理的。

2. 施工招标评标委员会组成的不妥之处、理由及正确做法：

（1）不妥之处：交通主管部门的招投标管理办公室主任参加。

理由：评标委员会由招标人的代表和有关技术、经济方面的专家组成。

正确作法：招投标管理办公室主任不能成为评标委员会成员。

（2）不妥之处：交通主管部门提供的专家库中抽取的技术经济专家 3 人。

理由：评标委员会中的技术经济等方面的专家不得少于成员总数的 2/3。

正确作法：至少有 4 人是技术经济专家。

3. B 施工单位的投标不是有效标。

理由：评标委员会发现投标人的报价明显低于其他报价时，应当要求该投标人做出书面说明并提供相关证明材料，投标人不能合理说明的应作废标处理。

D 施工单位的投标是有效标。

理由：投标报价大写与小写不符，属细微偏差，细微偏差修正后仍属有效投标书。

F 施工单位的投标书不是有效标。

理由：检验标准与方法不符招标文件的要求，属未作实质性响应的重大偏差。

H 施工单位的投标书是有效标。

理由：某分部工程的报价有个别漏项，属细微偏差，应为有效标书。

4. 安装调试阶段发生的火灾属于不可抗力。

建设单位和施工单位承担的损失或费用如下：

（1）工程本身损失 150 万元，由建设单位承担。

（2）100 万元的待安装设备的彻底报废，由建设单位承担。

（3）G 施工单位人员烧伤的医疗费及补偿费 15 万元，由 G 施工单位承担。

（4）租赁的设备损坏赔偿 10 万元，由 G 施工单位承担。

（5）其他单位临时停放在现场的价值 25 万元的汽车被烧毁，由建设单位承担。

（6）G 施工单位停工 5 天应相应顺延工期。

（7）施工机械闲置损失 2 万元，由 G 施工单位承担。

（8）必要的管理保卫人员费用支出 1 万元，由建设单位承担。

（9）工程所需清理、修复费用200万元，由建设单位承担。

二、参考答案

1. 监理单位设置二级监理机构是不合理的。

因为一级公路开工里程在20km以下的，宜设置一级监理机构。

2. 驻地监理工程师主持编制监理计划是不正确的。

因为监理计划是由总监理工程师主持编制的。

3. 建设单位主持召开第一次工地会议是不正确的。

因为第一次工地会议是由总监理工程师主持召开的。

4. 由专业监理工程师主持召开监理交底会，并介绍监理细则的相关内容是不妥当的。不妥之处有以下两点：

（1）专业监理工程师主持召开监理交底会不妥。

理由：监理交底会是由总监理工程师主持召开的。

（2）介绍监理细则的相关内容不妥。

理由：监理交底会应介绍监理计划的相关内容。

5. 建设单位做法不妥当。

因为签发合同工程开工令是总监理工程师的权力。施工单位应向监理机构提交合同工程开工申请，经审查后确认具备开工条件的，由总监理工程师签发合同工程开工令，并报建设单位备案。

6. （1）“驻地监理工程师审批施工组织计划”不妥。

因为施工单位的施工组织设计是由总监理工程师审批的。

（2）爆破工程专项施工方案编制和报审过程的不妥之处有以下几点：

①“凭以往经验进行安全估算”不妥。

正确做法：应进行安全验算。

②“质量检查员兼任施工现场安全管理员”不妥。

正确做法：应配备专职安全生产管理人员。

③“并将专项施工方案报送总监理工程师签认”不妥。

正确做法：专项施工方案应先经甲施工单位技术负责人签认后，再报送总监理工程师签认。

7. 监理机构的做法不妥之处：

监理机构受理了乙施工单位的支付申请，并签发支付证书。

理由：乙施工单位和建设单位没有合同关系。乙施工单位应向甲施工单位申请支付。

8. 监理工程师的做法不妥当。

正确的做法是：监理工程师应向甲施工单位发出整改通知，要求甲施工单位立即整改，并消除隐患。

9. 专业监理工程师的做法不妥。

理由：专业监理工程师无权签发分项工程暂停令。

正确做法：专业监理工程师应向总经理工程师（或驻地监理工程师）报告，由总监理工程师（或驻地监理工程师）签发分项工程暂停令，并报建设单位。

10. 乙施工单位向监理机构提出工程延期申请不正确。

正确做法：乙施工单位应向甲施工单位申请延期。

三、参考答案

1. 工程师对施工索赔的审核批准及理由：

事件1：不应该批准。

理由：这是施工单位应该预料到的（属施工单位的责任）。

事件2：不应该批准。

理由：施工单位为确定安全，自行调整施工方案（属施工单位的责任）。

事件3：应该批准。

理由：这是由于土建施工图纸中错误造成的（属建设单位的责任）。

事件4：应该批准。

理由：是由建设单位采购的设备没按计划时间到场造成的（属建设单位的责任）。

事件5：应该批准。

理由：由于建设单位设计变更造成的（属建设单位的责任）。

2. 变更价款的确定原则为：

（1）合同中已有适用于变更工程的价格，按合同已有的价格计算、变更合同价款。

（2）合同中只有类似于变更工程的价格，可在合理范围内参照此价格，由监理工程师商定确定变更价格，变更合同价款。

（3）合同中没有适用或类似于变更工程的价格，可在综合考虑承包商在投标时所提供的单价分析表的基础上，由监理工程师商定或确定变更价格，变更合同价款。

3.（1）监理工程师应批准的索赔金额为：

事件3：返工费用：20 000 元

事件4：机械台班费：（1 060 ×60% +318 ×40% +458 ×50%） ×5 =4 961（元）

人工费：86 ×18 =1 548（元）

事件5：变更增加费用 28 000 元

合计：20 000 +4 961 +1 548 +28 000 =54 509（元）

（2）造价工程师应批准的工程延期为：

事件3：8 天

事件4：5 天

事件5：10 天

合计：23 天

四、参考答案

1. 变更工程价格确定方法主要有以下三种：

（1）已标价工程量清单中有适用于变更工程的子目的，采用该子目的价格。

（2）已标价工程量清单中无适用于变更工程的子目，但有类似子目的，可在合理范围内参照类似子目的价格，由监理工程师按合同条款的规定商定或确定变更工程的价格。

（3）已标价工程量清单中无适用或类似子目的单价，可在综合考虑承包人在投标时所提供的单价分析表的基础上，由监理人按合同条款的规定商定或确定变更工程的价格。

2. 监理工程师提出的确定变更工程价格的意见不合理。合同条款规定，已标价工程量清单中没有适用于变更工程价格的，可在合理范围内参考类似子目的价格或在综合考虑承包人在投标时所提供的单价分析表的基础上，由监理工程师根据合同条款的规定商定或确定变更工程价格。

3. 承包人可以提出变更工程价格。根据合同条款规定，承包人在收到监理工程师发出的变更指示或变更意向书后，向监理工程师提交变更报价书，详细开列变更工程的价格组成及其依据。

4. 根据合同条款的规定，就该变更工程价格监理工程师可以与合同双方协商。只有不违反合同规定，监理工程师可以做出让步。

5. 若监理工程师、建设单位和承包人三方就变更工程价格不能达成一致，监理工程师应在认真分析研究后审慎确定变更工程价格，并在发出变更指令前征得建设单位同意。

五、参考答案

1. 重点控制的工作为：A、C、F、J、K。

2. （1）E 工作拖后 2 个月，影响 H、I、J 工作的最早开始时间，且影响工期 1 个月。

（2）C 工作实际进度与计划进度一致（或无进度偏差），不影响 F、G 的最早开始时间。

（3）D 工作拖后 1 个月，影响 G 工作的最早开始时间，但不影响总工期。

3. 绘制进度前锋线如下图所示。

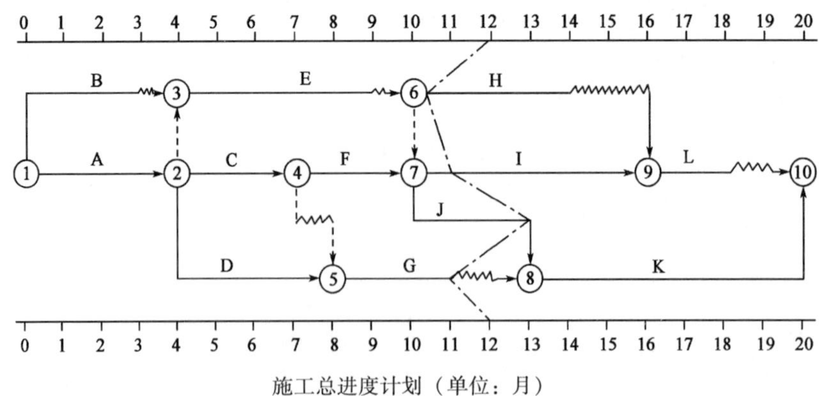

施工总进度计划（单位：月）

此时总工期为19个月。

4. 不予批准。

理由：K工作设计变更图纸于第13个月末完成，对总监理工程师批准的进度计划并未造成影响，故不予批准。

模拟试卷二

一、参考答案

1. 提交投标保证金的时间比规定的时间迟了 3 天，该投标文件将被拒收，作废标处理。因为根据规定：投标人不按招标文件要求提交投标保证金的，该投标文件将被拒绝，作废标处理。

2. 第 4 家施工单位在开标前撤回投标文件，招标方应没收投标保证金。因为投标保证金是对投标的担保，不按规定提交投标书或在开标前撤回投标文件的，招标人依法可以没收投标保证金，不予退还。

3. 不妥之处包括：

（1）开标会由该省建委主持不妥。因为根据规定开标应由招标人（某投资公司）主持。

（2）6 月 3 日开标不妥，因为根据规定开标时间与提交投标文件的截止时间相同，即应在 5 月 30 日开标。

4. （1）事件 1：可以向甲方得出工期索赔和费用索赔。因为这属于甲方没有按合同约定及时履行义务，属违约行为，且 A 工作为关键工作。

（2）事件 2：不能向甲方提出工期索赔和费用索赔。因为这属于乙方自己应承担的事项，与甲方无关。

（3）事件 3：可以向甲方提出费用索赔，但不能提出工期索赔。因为这属于设计变更（甲方应承担责任的事项），但是 E 工作为非关键工作且有足够的机动时间，所以可提出费用索赔，但不能提出工期索赔。

（4）事件 4：可以向甲方提出工期索赔和费用索赔。因为这属于甲方没有按合同约定提供合格材料，属违约行为，且 H 工作为关键工作。

5. 乙方可得到合理的费用索赔有：事件 1、事件 3、事件 4，依次为：

（1）事件 1：增加用工人工费 = 8 × 30 元 = 240 元，窝工费 = 6 × 18 元 = 108 元，合计为 348 元。

（2）事件 3：增加用工人工费 = 14 × 30 元 = 420 元，其他费用为 15 000 元，合计为 15 420元。

（3）事件 4：增加用工人工费 = 6 × 30 元 = 180 元，其他费用为 1 000 元，窝工费 = 24 × 18 元 432 元，合计为 1 612 元。

索赔费用合计为：（348 + 15 420 + 1 612）元 = 17 380 元。

二、参考答案

1. 事件 1，监理工程师应拒绝施工单位提出的工程延期和费用索赔的要求。

因为根据《公路工程标准施工招标文件》（2009 年版）合同条款的规定，应认为施工单位通过建设单位所提供资料及现场考察，已取得可能对投标有影响或起作用的风险、意外等的必要资料，并且在报价中考虑了这些因素的影响。同时，本题目中所述情况是一个有经验的承包人能合理预计到的。因此，施工单位应承担相关的风险责任。

事件 2，监理工程师应拒绝施工单位提出的费用索赔的要求。

因为提高基础混凝土强度是属于施工单位本身所采取的保证质量的技术措施，它既不是合同文件要求的，也不是工程变更导致的，监理工程师也没有对施工单位提出这样的要求。因此，所增加的这部分费用应由施工单位自行承担。

事件 3，监理工程师应同意施工单位提出的工程延期和费用索赔的要求。

因为施工图纸是建设单位提供的，施工图纸有误需要修改，并非施工单位的过错，建设单位应承担相应的风险责任。

事件 4，监理工程师应拒绝施工单位提出的工程计量要求。

因为扩大夯击部分的工程量超出了施工图的要求，也就超出了工程合同约定的工程计量范围，所以监理工程师无权处理合同以外的工程计量内容，而现场监理工程师同意的是施工单位为保证质量而采取的技术措施。一般情况下技术措施费用应由施工单位自己承担。

2. 一般情况下先订立监理合同，后订立施工合同。

本工程项目施工监理服务开始于监理合同签订之日，即 2008 年 4 月 10 日。

三、参考答案

1. 图中网络计划工期为 320 天，关键线路为 A－C－F－I。

2. 针对背景中的网络计划，对 C、D、E 工作工期索赔和费用索赔的合理性分析如下。

（1）C 工作：工期索赔和费用索赔不合理。因为导致 C 工作中断的原因是施工单位设备故障，应由施工单位承担责任。

（2）D 工作：工期索赔和费用索赔不合理。虽然百年一遇的冰雪灾害属于不可抗力，施工单位理应可以索赔工期，但是 D 工作的总时差为 30 天，晚开工 15 天没有超过其总时差，所以不可提出工期索赔的申请。不可抗力发生后停工损失的责任应由施工单位承担，所以也不可提出费用索赔的申请。

（3）E 工作：工期索赔不合理，费用索赔合理。图纸晚到造成的停工责任应由建设单位承担，因此可提出费用索赔的申请。但由于 E 工作有 10 天的总时差，停工时间没有超过总时差，因此不可提出工期索赔的申请。

3. 可索赔的费用（包括成本损失费和利润）：10 天 ×（1.5＋0.2）万元/天＝17 万元。

4. 结合背景，根据有关规定，施工单位应编制路基土石方开挖、挡墙基坑开挖、桥梁基础施工、上边坡防护工程等的施工安全生产专项施工方案。

四、参考答案

1. 承包人提出索赔的程序如下：

（1）承包人向监理人递交索赔意向通知书

承包人应在知道或应当知道索赔事件发生后28天内，向监理人递交索赔意向通知书，并说明发生索赔事件的事由。承包人未在前述28天内发出索赔意向通知书的，丧失要求追加付款和（或）延长工期的权利。

（2）承包人向监理人递交索赔通知书

承包人应在发出索赔意向通知书后28天内，向监理人正式递交索赔通知书。索赔通知书应详细说明索赔理由以及要求追加的付款金额和（或）延长的工期，并附必要的记录和证明材料。

（3）索赔事件具有连续影响的，承包人向监理人递交延续索赔通知

索赔事件具有连续影响的，承包人应按合理时间间隔继续递交延续索赔通知，说明连续影响的实际情况和记录，列出累计的追加付款金额和（或）工期延长天数。

（4）承包人向监理人递交最终索赔通知书

在索赔事件影响结束后的28天内，承包人应向监理人递交最终索赔通知书，说明最终要求索赔的追加付款金额和（或）延长的工期，并附必要的记录和证明材料。

2. 事件1中，施工单位提出的工程延期和费用索赔的要求是合理的。

因为软弱地基处理不满足设计要求，是由于原设计确定的加固处理方法不妥当所致，并非施工单位施工质量的问题，况且建设单位又提出变更要求，因此，导致索赔事件的发生是由于建设单位的原因或责任，且停工事件发生在关键线路上，所以施工单位的延期和费用索赔要求合理。

事件2中，施工单位的工程延期和费用索赔要求不合理。

因为根据合同条款规定，施工单位所承担的台背灰土回填质量，不因监理工程师对该工程的检查签认而解除。监理工程师对工程的计量支付，也不应视为监理工程师已同意、批准或接受了施工单位完成的该部分工程。监理工程师对质量有疑问的，可要求重新检验。经检验证明工程质量不符合合同要求的，由此增加的费用和工期延误由施工单位承担。由此，施工单位的延期和费用索赔要求不合理。

事件3中，施工单位提出的工程延期和费用索赔要求不合理。

因为（1）建设单位提供的本合同工程的料场、取土场、弃土场位置等资料均属参考资料，并不构成合同文件的组成部分，施工单位应对自己就上述资料的解释、推拉和应用负责，建设单位不对施工单位据此做出的判断和决策承担任何责任。

（2）施工单位在送交投标文件之前，已进行了现场考察，对现场和周围环境以及可得到的有关资料进行了察看和核查。承包人已取得可能对投标有影响或起作用的风险、意外等的必要资料，并且在报价中考虑了这些因素。同时，施工单位的报价已包含了合同中规定的施工单位的全部义务以及完成本合同工程及其缺陷修复所必需的一切工作和条件。而且，案例中所述情况是施工单位能合理预计到的，施工单位应承担由此产生的风险责任。

五、参考答案

1. 绘制第 5 个月的实际进度前锋线如下图所示。

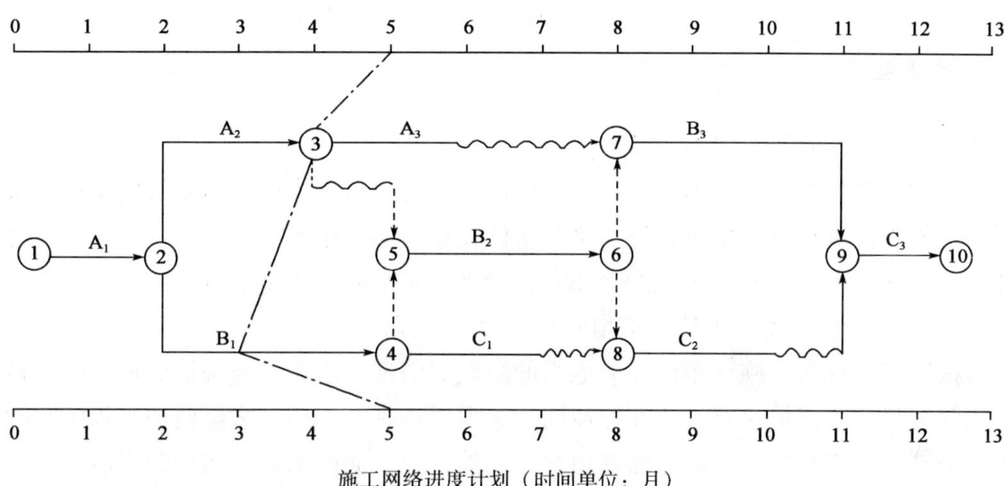

施工网络进度计划（时间单位：月）

如果后续工作按原进度计划执行，该工程项目将被推迟两个月完成，工期为 15 个月。

2. 工期索赔成立。因设计资料不准确属业主的风险，且 A_1工作是关键工作。

3. （1）索赔成立。因不可抗力造成的部分已完工程费用损失，应由业主支付。

（2）承包人用于施工的机械损坏索赔不成立，因不可抗力造成施工机械的损坏由承包人承担。

用于工程上的待安装设备损坏，索赔成立。因不可抗力造成待安装设备的损坏由业主承担。

（3）索赔不成立，因不可抗力造成停工损失由承包人承担。

（4）承包人使用的临时设施损坏的损失索赔不成立，业主使用的临时用房修复索赔成立，因不可抗力造成各方损失由各方分别承担。

（5）索赔成立，因不可抗力造成工期延误，可顺延合同工期。

（6）索赔成立，清理和修复费用应由业主承担。

4. （1）索赔费用：30 + 1 + 1 + 3 + 4 = 39（万元）。

（2）合同工期可顺延（1.5 = 1 + 0.5）个月。

模拟试卷三

一、参考答案

1. 施工单位的索赔要求不成立。

因为该质量事故发生的原因是由于施工单位施工时盲目赶进度，路基基底淤泥层未彻底清理干净，就强行进行路基填筑，导致路基整体失稳垮塌。施工单位这一行为违反了合同条款和技术规范的要求，是此次事故的责任方，对该质量事故应负全部责任。

2. 对该质量事故，监理单位应承担监理失职的责任。

因为按照有关规定，施工单位在原地面的淤泥层清理完成后，应报请监理工程师检查验收，经验收合格后才能填筑路基。在原地面的淤泥层清理完成后，未经监理工程师验收，或验收不合格，监理工程师不得同意路基填筑。显然，原地面的淤泥层清理完成后，要么监理工程师没有检查验收，要么检查验收工作不认真，没有发现淤泥层没有清理干净这一质量隐患。因此，监理工程师并没有尽到监理职责。

3. 此次质量事故属于二级一般质量事故。

因为该事故造成直接经济损失 90 万元，没有人员伤亡，符合交通部规定的二级一般质量事故的条件。

4. 公路工程质量事故可划分为质量问题、一般质量事故和重大质量事故三类。

5. 公路工程质量事故书面报告内容包括：①工程项目名称、事故发生的时间、地点，建设单位、设计单位、施工单位和监理单位的名称；②事故发生的简要经过、造成工程损伤状况、伤亡人数和直接经济损失的初步估计；③事故发生原因的初步判断；④事故发生后采取的措施及事故控制情况；⑤事故报告单位。

6. 公路工程质量事故处理的“四不放过”原则是：事故原因调查不清不放过；事故责任者没有受到教育不放过；没有防范措施不放过；相关责任人没有受到处理不放过。

二、参考答案

1. A 施工单位的答复不妥。

因为 A 施工单位取得批准分包工程，并解除 A 施工单位所承担的任何合同义务或责任。按有关规定，对于分包工程的质量由总承包单位与分包单位承担连带责任。

2. 总监理工程师同时向 A、B 两单位签发整改通知不妥。

因为 B 分包单位与建设单位没有合同关系，整改通知应直接签发给 A 施工单位，不应向 B 分包单位签发。

3. 专业监理工程师无权签发工程暂停令。

因为按合同条款的规定，签发工程暂停令是总监理工程师的权力。

4. 下达工程暂停令的程序不妥，理由如下：

（1）专业监理工程师应及时报告总监理工程师，由总监理工程师签发工程暂停令；

（2）总监理工程师签发工程暂停令前应报请建设单位批准。

5. A 施工单位的说法不正确。

因为 B 分包单位与建设单位没有合同关系。分包工程的所有合同事项，均应由 A、B 两单位按合同约定处理。

B 分包单位的损失应由 B 单位向 A 施工单位提出，由 A、B 双方协商，按分包合同约定处理。

6. 建设单位的说法不正确。

因为监理工程师是在合同授权范围内履行正常监理职责。工程暂停是由于 A 施工单位使用未经检验的处理所致，该停工的责任应由 A 施工单位承担。

三、参考答案

1. 边坡出现局部塌方的原因可能是：

（1）开挖坡度过陡，或通过不同土层时没有根据土的特性分别放成不同坡度，致使边坡失稳而塌方。

（2）未采取有效的降水排水措施，土层湿化，内聚力降低，引起塌方。

（3）边坡顶部堆载过大，或受到外力振动影响，使边坡内剪应力增大，土体失稳而塌方。

（4）土质松软，开挖次序、方法不妥当而造成塌方。

2. 监理工程师的行为是合理的。

因为监理工程师的质量检查与验收，是对施工单位作业活动质量的复核与确认；监理工程师的检查决不能代替施工单位的自检，而且，监理工程师的检查必须是在施工单位自检合格的基础上进行的。施工单位的质量检查人员没有自检或自检不合格不能报请监理工程师检查、验收，不符合上述规定，监理工程师一律拒绝进行检查。

3. 事件 3 中发生的安全事故，监理单位应承担责任。

因为监理单位接受建设单位的委托，承担了施工安全监督和管理的责任，并收取了监理费用，具备了承担责任的条件，而施工过程中，监理工程师对施工单位未编制专项施工方案，施工时现场又没有专职安全生产管理人员的违规行为没有及时发现并采取措施制止，因此必须承担相应的监理失职责任。

根据《公路水运工程安全生产监督管理办法》第 23 条规定，对下列达到一定规模的危险性较大的分部分项工程应编制专项施工方案，并附安全验算结果，经施工单位技术负责人、总监理工程师签字后实施，由专职安全生产管理人员进行现场监督：

（1）不良地质条件下有潜在危险性的土方、石方开挖。

（2）滑坡和高边坡处理。

（3）桩基础、挡墙基础、深水基础及围堰工程。

（4）桥梁工程中的梁、拱、柱等构件施工等。

（5）隧道工程中的不良地质隧道、高瓦斯隧道、水底海底隧道等。

（6）水上工程中的打桩船作业、施工船作业、外海孤岛作业、边通航边施工作业等。

（7）水下工程中的水下焊接、混凝土浇筑、爆破工程等。

（8）爆破工程。

（9）大型临时工程的大型支架、模板、便桥的架设与拆除，桥梁、码头的加固与拆除。

（10）其他危险性较大的工程。

4. 事件4中，监理工程师的行为是正确的。

因为施工单位的爆破作业人员、安装拆卸工、起重信号工等国家规定的特种作业人员必须按照国家规定经过专门的安全作业培训，并取得特种作业操作资格证书后，方可上岗作业。

5. 事件5中，监理工程师的行为是正确的。

因为监理工程师在收到施工单位提交的分项工程中间交工申请后，应检查各道工序的施工自检记录、交接单及监理工程师签认的关键工序的交验单；检查分项工程的质量自检和质量等级评定资料；检查质量保证资料的完整性。上述资料经检查符合要求后，监理工程师方可对分项工程进行中间交工验收，否则应拒绝进行中间交工验收。

6. 土方路基质量检验内容包括基本要求、实测项目、外观鉴定和质量保证资料四个部分。

土方路基质量检验实测项目主要有：①压实度；②弯沉；③纵断高程；④中线偏位；⑤宽度；⑥平整度；⑦横坡；⑧边坡。

7. 监理工程师的行为是合理的。因为施工单位没有按规定编制竣工资料，使得竣工资料不完善，不具备交工验收的条件。

公路工程进行交工验收应具备以下条件：

（1）合同约定的各项内容已完成；

（2）施工单位按交通部制定的《公路工程质量检验评定标准》及相关规定的要求对工程质量自检合格；

（3）监理工程师对工程质量的评定合格；

（4）质量监督机构按交通部规定的公路工程质量鉴定办法对工程质量进行检测，并出具检测意见；

（5）竣工文件已按交通部规定的内容编制完成；

（6）施工单位、监理单位已完成本合同段的工作总结。

四、参考答案

1. 该质量事故属于三级一般质量事故。（该生产安全事故属于一般事故）

2. 公路工程质量事故处理的程序如下：

(1) 监理工程师应立即向施工单位发出工程暂时停工指令，要求停止质量事故部位和与其有关联部位及下道工序的施工；并要求采取必要的措施，保护事故现场，抢救人员和财产，防止事故扩大，做好相应记录。

(2) 监理工程师要求施工单位尽快提出质量事故的报告并按规定速报有关部门。

(3) 监理工程师应积极配合质量事故调查组进行质量事故调查，客观地提供相应证据。

(4) 监理工程师接到质量事故调查组提出的质量事故技术处理意见后，审核签认有关单位提出的质量事故技术处理方案。

(5) 监理工程师指示施工单位按照批准的工程质量事故处理方案对事故进行处理。

(6) 监理工程师对施工单位实施质量事故处理方案或对加固、返工、重建的工程进行监理，并进行检查验收。经检验合格后，监理工程师发出复工指令。

3. 上述受损工程不能进行计量。

因为被冲垮的桥墩混凝土强度达不到设计要求，质量不合格，不满足计量的基本条件，因此不能计量。

4. 施工单位的工期索赔要求成立。

因为泥石流的发生属于不可抗力，这是施工单位无法预见的，造成工期延误并非施工单位的过错或责任，且该事件发生在关键线路上。

五、参考答案

1. 初始计划的总工期 = (3 +4 +2 +3 +5 +3) 个月 =20 个月。

关键线路为 A→D→F→I→K→M（或①→②→⑤→⑦→⑧→⑩→11）。

工作 E 的总时差 = [20 － (3 +3 +4 +5 +3)] 个月 =2 个月。

2. 事件 1 发生后，吊装机械闲置补偿费 =600 元/台班 ×30 台班 =18 000 元。

事件 1 发生后，工程不会延期。

理由：由于工作 E 有 2 个月的总时差，因此工作 E 的持续时间延长 2 个月不会影响到总工期。

3. 事件 2 发生后，项目监理机构不应批准费用补偿。

理由：百年一遇的洪水属于不可抗力事件，不可抗力事件发生后，承包人的机械设备损失及停工损失由承包人承担。

事件 2 发生后，工程师不应批准工程延期。

理由：工作 G 有 2 个月的总时差，虽然该工作停工 1 个月，但没有超过其总时差，不会影响到总工期，因此，不应批准工程延期。

4. (1) 事件 3 中建设单位的不妥之处：

①在没有通知施工单位清点验收的情况下，将其采购的设备存放在施工现场。

理由：建设单位在其所供应的材料、设备到货 7 天前应以书面形式通知承包人，由承包人会同监理工程师在约定的时间内，赴交货地点共同进行清点验收。建设单位提供的材料、设备清点验收后，由承包人负责接收，运输和保管。

②建设单位要求施工单位承担部件损坏的责任。

理由：建设单位未将设备移交施工单位保管。

（2）监理工程师应同意给予施工单位补偿费用1.6万元，并延长工期1个月。

理由：建设单位采购的材料设备在未通知施工单位进行验收就存放于施工现场，由此发生的损坏丢失由发包人负责，而且工作I为关键工作。持续时间延长1个月会影响总工期。

5.（1）事件4发生后，预计工程实际工期为19个月。

（2）工程师认为建设单位要求缩短合同工期不妥是不正确的。

理由：造成工作K提前2个月完成的原因是工程变更，因此可以要求缩短工期，但由于工作I延长1个月的时间可以补偿。